JN106038

基本のキ・ホン

やさしい・かんたん

BUSINESS PROPOSAL

企画書・提案書

編｜日本能率協会マネジメントセンター

はじめに

　既存の業務がAIやロボットに取って代わられる時代に、あなたが会社に必要とされるためにはどうしたらいいでしょうか。その答えの1つが「新しい価値」を生み出せる人材になることです。

　新しい価値とは、今ある課題を解決する方法です。素晴らしいひらめきを「企画書・提案書」の形で上司や取引先に伝えることができれば、あなたはきっと高い評価を得ることができるでしょう。

　本書はそんな評価されるためのビジネススキルである企画書・提案書を書くための基本を紹介しています。まずは本書を通して企画書・提案書の書き方の基本を学び、最初の一歩を踏み出してみましょう。

やさしい・かんたん
企画書・提案書

目

第1章

新しい時代に必須のビジネススキル
企画書・提案書とは何か

第 **3** 章

絶対に押さえておくべきこととは？

企画書・提案書作成のキホン

第4章

素早く、たくさん提出できるのがメリット

1枚企画書のつくり方

A4

第5章

きれいなビジュアルで一目置かれる!?

パワポ企画書のつくり方

第6章

企画を生み出すための方法は？

発想のテクニック

COLUMN

\ 新しい時代に必須のビジネススキル /

企画書・提案書とは何か

企画書・提案書の違いは何か、書くメリットは何なのかなど企画書・提案書の基本を第1章では解説していきます。この章を読めば企画書・提案書は難しくない、積極的に書いていくべきだと思うはずです。まずは企画書・提案書の基本のキホンを学んでいきましょう。

企画書・提案書をつくる力は
ビジネスパーソンの必須能力

● 会社が新入社員に求めるものとは

　企業の目的の1つは、利益を上げること。社員はその目的に貢献することが求められます。しかし、企業は、新入社員がいきなり上司や先輩のような貢献ができるとは思っていないでしょう。なので、企業が新入社員に求めるのは、**利益に貢献できる人材になるように努力**することでしょう。もちろん最終的には、上司や先輩のように利益に貢献する人材になることを求められます。

● ビジネスで必要となるのは考える力

　会社はあなたを一人前に仕事をこなせるように育てますが、それ以上の価値を示すことができるような教育の機会を与えてくれるとは限りません。そのため、どんな業種・職種であっても、自分で考えて動き、**会社の売上に貢献できる人材**が高い評価を受けます。つまり、評価をされるためには、与えられた仕事をきちんとこなしつつ、自分で考えてプラス α の価値を示すことが必要なのです。

● 企画書・提案書は力量を示す絶好の機会

　新人のうちは仕事をこなすことに精いっぱいで、企画書・提案書作成を重荷に感じるかもしれません。しかし、企画書や提案書を作成して提出することは、一人前の仕事ができ、**さらにそれ以上の力を持っているとアピール**する絶好の機会となります。上司や先輩も最初から完璧にできるとは思っていないので、まずは挑戦してみましょう。

企画書と提案書の違い

会社によっては企画書を提案書といったり、タイトルに「企画書」とは書かずに「提案書」と書いたりする。提案書と企画書の定義付けは社内や取引先のルールに従う。区別の一例としては、以下のようなものがある

企画書	主に社内に提示するのが企画書。顧客に提示した提案書をよりイメージしやすくしたもの。**スケジュールや予算**などより具体的で、実現確度が高いものを提示
提案書	主に顧客に提示するのが提案書。顧客へのヒアリングや調査データなどをもとに現状の課題や問題点を提示し、それらを解決するための**アイデアや方法**を提示

企画書・提案書作成で論理的思考法が身に付く

論理的思考法	物事を結論と根拠に分け、そのつながりを**矛盾なく説明できる**思考法のこと

企画書・提案書をつくるには下記の**3つ**の段階が必要になり、次の段階に至るためには論理的な思考が必要になる。**繰り返す**ことで、論理的思考法が身に付く

クライアントの話を正確に聞き取る　論理的思考法　▶　**聞いた話から課題や問題点を探し出す**　論理的思考法　▶　**課題や問題点を解決する方法を考える**

Point
- ☑ 会社の希望は利益を生む人材に育つこと
- ☑ 自分で考える社員が高く評価される
- ☑ 企画書・提案書づくりは力を示す絶好の機会

実践で身に付ける
企画書・提案書づくり

● そもそも何のための企画書・提案書なのか?

　企画書・提案書は、自分にとっては実力をアピールするツールになることは前述のとおりですが、そもそも何のためにつくるのかを忘れてはいけません。自分のアイデアを企画書・提案書という形にまとめて、相手（上司やクライアント）に提案するものであり、最終目的は**その企画を実行してもらうこと**です。

● 新たなアイデアは新人にも求められている!

　コロナ禍以降、テレワークは当たり前になりました。また、会社が潰れたり、逆に成長したりするなど、ビジネスの環境も変化しました。あらゆる業種で、生き残るための新しいビジネスモデルが求められています。そこで大切なのが新たなアイデアです。そしてそれを伝えるのが企画書・提案書です。新人ならではの視点が**既存のビジネスモデルを超えたアイデア**を生み出すことを会社は期待しています。

● 自分の熱意を論理的に伝えるには

　本書は企画書・提案書の書き方についての本ですが、実は定型のフォーマットはありません。重要なのは企画書・提案書に盛り込むべきことを覚えることです。入れ込む要素を正しく覚えることで論理的な内容にはなりますが、そのとき大切なのは「読んだ相手に実行してもらうためにはどうすればいいのか」と考えて、つくり込む熱意です。体裁が整っていても、その熱意がなければ人は動かせません。

まずはマネして入れ込む要素を覚えるところから

「企画書は書いて覚える」 といわれても、初めての企画書・提案書は**上司や先輩のマネをする**のがおすすめ。特に、チェックしてもらう上司の企画書であれば、**チェックポイントがすでに盛り込まれている**ため、修正も少なくなる

課長の企画書を参考に
作成しました。ご確認
ください

そうか…。構成や言葉
遣いは使いまわしだが、
これなら合格点だ

上司

「書いて覚える」の理由	何度も書いて何度も修正の指摘を受けると、**注意される箇所＝重要なポイントがわかるようになる**ため

論理的に相手に伝える方法

話を3つに分けることが論理的に話すポイント

①結論	②理由	③詳細
先に結論を伝える。結論は長くなりすぎず、簡潔かつ印象に残るように	結論の理由を説明する。理由は2、3個用意し、重要な理由から話す	必要に応じて各理由の詳細を話す。詳細な説明でも長すぎはよくない

論理的な話し方の例

「B社の生体認証システムに勤怠管理システムを変更すべき（①結論）です。利用料が従来の半額（②理由）で、AIで体調把握もできる（③詳細）からです」

Point

☑ 企画書・提案書は相手に「実行してもらう」のが目的
☑ 新人ならではの視点が求められている
☑ 論理的でも熱意がない企画書・提案書は通らない

企画書・提案書の心がまえ

●「この企画をやりたい」と思ってもらおう

　企画書・提案書の最終目的は、読んだ相手にその企画を実行（採用）してもらうこと。そのため、相手に「この企画、やってみたい」と思ってもらえるような工夫をすることが大切です。そのためには相手が理解できるように、タイトル、見出し、本文、図表などを**わかりやすくするのが基本中の基本**になります。

●企画書・提案書は「シングルイシュー」が大事

　企画書・提案書で相手の気持ちを動かすためには「シングルイシュー」を意識しましょう。これは、論点や問題点を1つに絞ることを意味します。多くのことを詰め込むと「結局、何がしたいの？」と思われてしまい、相手の心を動かすことはできません。**1つの企画書・提案書には1つの目的**とすることで、「これをやりたいのか」と理解させることができ、検討してもらう入口に立つことができます。

●企画書・提案書で説得を目指してはいけない！

「よい企画書・提案書」には説得力があります。しかし、相手を説得することを目的としてはいけません。説得されて「なるほど」と思ったとしても、それを前向きに採用するかどうかは別だからです。一方、企画書・提案書を見て「やりたい」という気持ちにすることができれば、その企画が実現できるかのチェックを通れば採用に至ります。説得力は大切ですが、**やりたいと思わせなければ採用されない**のです。

企画書・提案書の目的とは

目的は相手のやりたいを引き出し、行動させること

相手の「やりたい」を引き出すために、これらのポイントを意識する

☑ 相手にとってのメリット

☑ 説得力のあるデータ

☑ 課題や問題点を解決する方法

☑ 具体的にやるべき行動

欲ばらずに絞って提案する

「シングルイシュー」とは1つに絞った考え・提案のこと。提案が多くなると、相手は判断することが多くなり、受け入れにくくなる

1つに絞った場合

この提案いいね！どうやるの？

・YES か NO かの**判断が早い**

・YES の場合は、**次の段階の話に進みやすい**

・結果が早くわかる

提案が多い場合

これはできる、こっちは難しい、これは……

・数が多いと判断することが多く**煩雑**

・判断保留のまま話を聞くので最後に**NG の場合も**

Point

☑ 相手に届けるには**わかりやすさ**が重要

☑ **1つの企画書・提案書には1つの目的**だけ

☑ 説得できても**採用されなければ意味がない**

企画書・提案書に
必要なものとは

• クライアント企業には「売上」「コスト」を提示

取引先に向けて企画を提案する場合、**クライアントが求める要素は利益**です。クライアントは、自社の利益になることでなければ、どんなに説得力や熱意があっても採用することはありません。利益を出すために必要なのは「売上の増加」か「コスト削減」のどちらかです。そのため、企画書・提案書ではどちらかを実現できるのか、どれくらい利益が上がるのかを明記しなくてはいけません。

• 社内向けは「問題解決」「業績」がミソ

社内で上司や所属部署などに向けての提案や企画は、業務改善案や新規事業などが多くなります。この場合に重要なのは**問題解決と業績**です。業務改善なら今ある問題や課題が解決できることが大切です。新事業・新製品や販促キャンペーンの企画なら、コストを抑えながら売上や集客といった業績を上げられる提案でなければいけません。

• 期間や予算などの実施計画も必要

必要なものは利益・問題解決・業績の他にもあります。提案の実行にかかる**期間や大まかなスケジュール、予算の見積もり**などです。詳細は企画や提案が通ってから見直すことになりますが、大まかな期間やコストが見えないと、検討の対象にもなりません。また、求めているものと全然違う提案は「やりたい」と思わせることができないので、相手が求めるものが何かを把握しておくのも大事です。

社内向け企画の視点

社内向け企画はまず上司を**やる気にさせる**ことが大事。普段の言動から考えを予想して、課題や問題点の指摘とその解決法を提案する

残業を減らして環境改善

ヒット商品開発で業績アップ

コスト削減で利益率アップ

効率化による人件費削減

部長　　課長

社外向け企画の視点

提案先の相手企業にメリットがなければ企画が採用されることはない。社外向けの企画書・提案書は、人気や評価よりも**売上がアップする、コストが下がる**など直接的な利益があることが第一条件となる

企業	市場や顧客から高い評価を獲得、永続的に成長し、その過程で社会的責任を果たすのが最大の目的。そのためには、適正な利益が不可欠で、利益を上げられない企業は淘汰される

Point

☑ クライアントには**売上増かコスト減**を提示
☑ 社内向けは**問題解決か業績**を重視する
☑ 企画書・提案書には**所要期間・予定・予算感**も必要

企画力の有無が
評価の差になる

　近年、企画力の価値はますます高まり続けています。企画力のある動画クリエーターが人気を集めているように、おもしろい企画は多くの人の興味を引くことができます。ビジネスでも、上司や取引先や顧客など、人々の関心を得られなければ企画は始まりません。企画を実行するうえでも、関心を持たれるかどうかで関わる人たちの熱意も変わってきます。企画力があるということは、それだけ大勢の人を巻き込む力を持っているということなのです。

　また、企画書を書くにはアイデアの発想力や文章力だけでなく、課題発見能力や情報収集能力、分析力など、さまざまな能力が必要です。そのため、企画力を磨けば、間違いなく社会で評価される人材になれるでしょう。

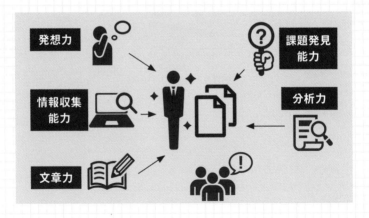

第 2 章

なぜ必要なのか、何が必要なのか

企画書・提案書を書く前に知っておくべきこと

自分の考えを好き勝手に書くだけでは採用される企画書・提案書にはなりません。伝えたい相手や、その相手はその企画書・提案書を望んでいるのかなど、書き始める前に最低限知っておくこと、確認しておくべきことをこの章で学んでいきましょう。

需要と供給を理解する

●企画書・提案書は漫然と書き始めてはいけない

　企画書や提案書は、クライアントの利益を生んだり、会社の課題解決や業績をアップするために作成します。言い換えると、その条件を満たすことが最低限の条件になります。書き始めるときには、まず**「誰のため」「何を実現するため」**のものかを考えなくてはいけません。**思いついたアイデアに対して**漫然と書き始めるのではなく、相手の需要があって、自身や自社が供給できるかをまず判断しましょう。

●相手の望みを満たしながら+αの提案を

　需要とは相手の望むことであり、それを満たすための提案が企画書・提案書です。それには、自身や自社が供給できる方法を提示することになりますが、相手が自分で実行できることでは意味がありません。**相手の代わりにやることに価値がある**のです。その際に「他社と違って自分（自社）であればこんなことも追加できる」というポイントを盛り込むと、相手の好感度もグッと上がります。

●企画書・提案書を書く前に確認すべきこと

　「需要と供給」がそろっていることがわかったら、企画書・提案書をどう完成させるか計画を立てます。まずは必ず盛り込まれていなければならない項目（36ページ参照）の確認を行い、続けて**作成スケジュールを立て**ます。あまり長い日数をかけてしまうと、需要と供給の前提が変わってしまうので2週間以内の完成を目指しましょう。

企画書・提案書作成前のチェック項目

「CHECK ①」
誰に向けたものか（ニーズ1）

「CHECK ②」
誰が得をするのか（ニーズ2）

「CHECK ③」
何をほしがっているのか（ニーズ3）

「CHECK ④」
どんな価値があるのか（サプライ1）

「CHECK ⑤」
一番のウリは何か（サプライ2）

「CHECK ⑥」
あなた自身の思い入れは（サプライ3）

「CHECK ⑦」
**ニーズ1〜3とサプライ
1〜3は一致しているか**

「CHECK ⑧」
相手を納得させられるか

「CHECK ⑨」
相手の反応をイメージできるか

「CHECK ⑩」
最後のダメ押しがあるか

企画が採用される3要件

要件が満たされている	要件には、**目的、対象、実施方法、場所、スケジュール、コスト**などがある。必要な要件が満たされていなければ、**採用するための検討ができずに、不採用になる**
面白い・興味深い内容	相手に面白い、利益になると思わせる工夫が必要。アイデアのすべてを企画書・提案書に書くことはできないので、**メリットの強調や、アイデアを組み合わせて斬新なアイデアに見せるな**どする
相手の要望に沿う	相手の要望に沿っていないと**採用されない**。要件を満たした面白いアイデアでも、相手が**コストを下げたいと要望している**のに、新しい**システムで効率を上げる内容では採用されない**

Point
☑「誰のため」「何のため」かを考える
☑「需要と供給」がそろうことを確認
☑ 企画書・提案書の作成は予定を立てて行う

CHECK ①／ニーズ1
誰に向けたものか

● その企画書・提案書は誰が読む?

書き始めるときにまず確認することは、「誰に向けたものか」ということ。クライアント向けであれば、読み手は直接取引している担当者か採用を決定する上長です。社内なら直属の上司や提案により影響がある別部署の上長になります。まずは**提出する企画がどこまで影響を及ぼすもの**なのか、範囲をイメージすることから始めましょう。

● 企画書・提案書が届く経路を想像する

企画書・提案書は、クライアントであればまず担当者、社内であれば直属の上司の手に渡るでしょう。しかし、多くの場合、最初に読む人ではなくその後に読む、上の立場の人が採用の可否を決定します。そのため、企画書を書くときは目の前の人ではなく、**最終的に採用を決める人の心を動かす**ことを意識しなくてはいけないのです。

● 直接の窓口は最終決定者の顔を思い浮かべる

企画書・提案書は、採用を決める人が納得できる、需要に応えるものでなければいけません。しかし、取り次ぐ担当者や上司の立場でいえば、上長にあなたの企画書を届けるのは、通常業務の範囲外のこと。相手の上長を説得できるものでなければ、「面倒だ」と思われて渡してもらえない可能性もあります。「これならば上長も興味を持つ」「検討したい内容だと褒められる」と思ってもらえるように、**まずは直接の窓口の人を納得させる**内容に仕上げることを目指しましょう。

ペルソナを設定する

ペルソナとは、年齢、性別、職業などの**グラフィックな情報**に加え、性格や趣味、消費行動など、ある**人物が実在しているか**のように仮定し対象を設定する手法

設定するメリット

- 人物像が絞り込める
- 感情移入がしやすくなる
- ターゲット像が**ブレない**
- 勘や思い込みでの判断が減る
- チームで共有しやすい

主な設定項目

属性	氏名・年齢など
人柄	性格・価値観など
生活様式	趣味・食生活など
人間関係	友人・SNS など

説明不要な企画書・提案書を作成する

企画書・提案書に、**グラフ**や**チャート図**、**イラスト**などを入れてもよい。だたし、**補足説明の必要がない**ように、誰が見てもわかるものにしなければならない

グラフ

チャート図

イラスト

> 提出・説明する相手＝企画採用の決定者とは
> 限らないのでわかりやすくする必要がある

Point

- ☑ **誰の目に触れるのか**をイメージする
- ☑ **最終決定者の心を動かす**ことを考える
- ☑ **取り次ぐ人を納得させる**内容に仕上げる

CHECK ②／ニーズ 2
誰が得をするのか

● 巡り巡って利益につながることもある

次に確認すべきは、この企画や提案で「誰が得をするのか」ということです。わかりやすいのは「相手企業がすぐに利益を上げること」ですが、そんなアイデアは簡単には出てきません。そこで考えるべきは、企画や提案が実行された場合にその相手企業にとってのクライアントのメリットにつながり、結果として利益が出るなど、**提案によって利益を得られる相手が誰なのか**を考えることです。

● 「1 日店長」は誰が利益を得る企画?

直接の利益ではなく、間接的に利益を得る企画としてわかりやすいのが人気タレントなどによる「1 日店長」です。タレントがいることでその日の店の売上が増えても接客には限界があり、出演料というコストを考えれば、それほど大きな利益とはいえません。しかし、「そのタレントが 1 日店長をしていた企業」というイメージが一般客に広まることで、**タレントがいなくても購入する**お客さんが増える可能性が高まり、最終的にはその企業全体が得をするのです。

● オリエンテーションでニーズを把握する

相手に企画書や提案書の提出を求められる場合は、**オリエンテーション**が開催されることがあります。オリエンテーションでは相手のニーズや注意事項などが説明されます。オリエンテーションで相手のニーズを把握し、その内容を反映した企画書・提案書を提出しましょう。

オリエンテーションでチェックすること

オリエンテーションの内容を反映していない企画や提案は採用されない

形式	提出方法・提出日	必須・注意事項
タテ型かヨコ型か、ワードかパワポか、ページ数 など	誰宛てか、メールか郵送か、必着か消印有効か など	記載すべきこと、参考資料があるのか など

💡 **アドバイス**

- オリエンテーション中は、**5W3H**を活用して**自分なりのポイント**をメモする。疑問点などは**終了後**に依頼者に確認
- 作成中に疑問点が発生した場合も、必ず**メール**や**電話**などで　依頼者に確認する

プレゼンを聞く人と得する人が違うことも

直接のメリットを得られる対象ではない相手に企画提案するときには、結果的に社員の満足度が向上し、導入者の評価も上昇するなど、受け手にも**直接的なメリット**があることを伝える

社員食堂を設置して従業員の健康維持・管理をしましょう！

私はお弁当派。どれだけの人が使うのかな？

従業員の要望が多く、離職防止の動機にもなり採用コストの削減に

運営で赤字を出さなければトータルコストダウンか

企画のメリットと提案先のメリットを結びつけて説明する

 Point ☝

- ☑ 誰が利益を得られるのかを見極める
- ☑ 間接的に利益を上げる方法もある
- ☑ どんな得かをわかりやすく伝える

CHECK ③／ニーズ 3
何をほしがっているのか

●「需要」を知らなければ「供給」も不可能

　需要がわからなければ、供給のしようがありません。企画書・提案書の作成で重要なことは、まず「相手が何をほしがっているのか」を**正確に把握する**ことです。上司やクライアントなどから企画や提案の依頼があったときには、相手が何を望んでいるのか、必要としているのかを見極めなければいけません。

●相手の説明が十分とは限らない

　企画書・提案書を依頼される場合、説明（オリエンテーション）があります。しかし、先方が説明資料を完璧に用意した正式なオリエンテーションの場を用意してくれるケースは珍しく、口頭で簡単に説明をして「じゃあよろしく」といわれることが現場では多くあります。そこで大切なのが、**相手の意図を読み取るための質問力**です。相手の説明では不十分だと感じるならば、積極的に質問しましょう。

●質問時にはメモやチェックシートを活用する

　相手の説明を聞いているときは、必ずメモを取りましょう。事前に企画の依頼とわかっているなら、**確認事項のチェックシートを用意**して必要な情報に漏れがないようにしましょう。相手の話をメモしながら聞き、チェックリストと照らし合わせながら質問をすると、前向きな姿勢だと相手からの心証もよくなり、他社よりも優位に立てるでしょう。

ニーズとウォンツの違い

ニーズからウォンツが生まれる

 実現の
ために
▶▶▶

ニーズは達成したい目的でウォンツはその手段。オリエンテーションでは目的達成のためのウォンツを求められるが**ニーズを正確につかむ**ことが大切

注意点

例えばウォンツとして「快適なベッド」をオーダーされても、眠るための道具という**単純な理由ではなく**、よく眠ることがダイエットに効果的だからなど、ニーズが異なる場合がある

質問方法を使い分ける

質問は、相手の答えが限定される質問「**クローズドクエスチョン**」と相手の答えが限定されない質問「**オープンクエスチョン**」の2種類がある。**わからないことはオープンクエスチョン、確認したいことはクローズドクエスチョン**で聞くようにする

オープンクエスチョンの例	クローズドクエスチョンの例
・予算はいくらくらいですか	・予算は1000万円でよろしいですか
・提出日はいつまでですか	・提出は○月×日まででよいでしょうか
・参考資料は何かありますか	・○○を参考にしてもよいでしょうか
・連絡はどのようにすればよろしいでしょうか	・連絡はメールでよろしいでしょうか

Point

☑ 相手のニーズを**正確に把握する**
☑ 相手の説明が**懇切丁寧とは限らない**
☑ **メモとチェックシートを活用しよう**

CHECK ④／サプライ1
どんな価値があるのか

● 相手が得られる価値や利益を提示する

ここまでの3項目は相手側の需要（ニーズ）に関するものでした。需要を把握できたら、それに対応する供給（サプライ）を提示しなくてはいけません。最初に提示するのは「**相手がどんな得をするのか**」です。企画書は、この企画を実行すると、どんな価値や利益を得られるのかということが明確でなければ、「やってみたい」と思わせることはできません。

● 提案する相手が儲からなければ魅力はない

企画書を提案するときは、その企画によって「誰が」価値や利益を得られるのかをはっきり示す必要があります。例えばある商品の開発企画を提案する場合、もっとも大きな得をするのが一般のお客さんで、それを販売するクライアントの利益が少なければ、クライアントにとっては魅力があるとはいえません。**誰かが得をする＝クライアントが儲かることが理解できる**内容でなくてはいけないのです。

● 相手に魅力を感じさせるのが大事

「社会的に意義がある」「大きなインパクトを与えることができる」という「基準が明確でない対価」を得られる提案の場合、相手がそれに価値を感じるかどうかが採用の分かれ目です。求められていない価値であれば、「ブランドイメージがアップする」「話題になる」といった**プラスαのメリットを得られる**ことをアピールしましょう。

メリットとベネフィットの違い

メリット	企画・提案自体の長所やよいところ
ベネフィット	企画・提案から得られる**プラスの価値**（効果や体験など）

例：スマホのメリットとベネフィット

メリット	ベネフィット
持ち運びが容易	動画が見れる
機能が豊富	メールを送れる
操作が簡単	SNS ができる

ベネフィットをつくる3つのステップ

課題・問題点の明確化 ▶ **対象に気付かせる** ▶ **ベネフィットの提示**

課題・問題点を明確化することで、解決の過程でどのような効果があり、**どのような結果が生まれるかわかる**。明確化のためには対象も明確化する

課題・問題点を明確化したら、**対象が気が付くようにアプローチ**する。そして、その課題や問題を解決する必要があるという動機付けも行う

それを解決するための**具体的なベネフィットを提示**する。その際は、ベネフィットの3分類（31ページで紹介）を盛り込むと提案先が広がる

Point 👆
- ☑ どんな価値や利益を得られるのかを明確に
- ☑ クライアントが得をすることを伝える
- ☑ プラスαのメリットはアピールが大事

CHECK ⑤／サプライ2
一番のウリは何か

● 利益や価値が多すぎると決め手に欠く

　相手に提案できる利益や価値がいくつも思い浮かんだ際に、それをすべて盛り込んだとしても、実はうまくいくとは限りません。それは、利益や価値が**たくさんあると「どれが一番のメリットか」が見えなくなる**ためです。複数の利益や価値がある企画書・提案書の場合、たくさん入れるために1つずつの説明が足りなくなったり、逆に説明が盛りだくさんでページが多くなって相手が覚えきれなかったりして、相手の記憶に残りにくくなってしまいます。

● 「一番のウリ」を明確にして印象付ける

「企画書・提案書に盛り込むべき目的は1つ」「誰に向けたものかも絞る」というシングルイシューの原則は、一番のウリを説明するときも当てはまります。「絶対に1つ」というわけではありませんが、提供できる利益や価値は少なめに絞るか、核となる**一番のウリを明確に**して、相手に強く印象付けなくてはいけません。

● 「一点突破」のほうが採用されやすい

　いろいろな利益や価値が提案された企画書・提案書は、内容があいまいになりがちで相手の心に響きません。相手のニーズを把握しメインとなる利益や価値を明確にして一点突破するようにしましょう。**そのほかは目的を達成した際に付いてくるおまけ**、付加価値があるという構成にしたほうが、より採用されやすくなります。

一番のウリを考える

採用したいと思わせる強力なベネフィットを用意する

普通車の主なベネフィット

・4WD だから雪道でも運転できる
・カーナビ搭載で、目的地まで迷わない
・大きな荷物を載せて移動できる
・自動駐車機能付きで車庫入れが簡単
・**7 人乗りで家族全員が乗れる**

軽自動車と迷っていたけど、家族7人で出かけたいから普通車にしよう

CHECK

ベネフィットは複数あっても本当に必要なものでなければ対象者の記憶には残らない

ベネフィットの3分類

機能的 ベネフィット	情緒的 ベネフィット	自己表現 ベネフィット
商品やサービスの特徴によって、利用者にとって**プラスになる効果**	所持したりサービスを受けることで利用者が感じられるプラスの感情	所持したりサービスを受けることで可能になる**自己表現や自己実現**
安い、楽、便利、丈夫、美味しい、早いなど	満足感、高級感、楽しさ、可愛さなど	自信が持てる、自分らしくなれるなど

ドリルを提案するときに安い、使いやすい、軽いをベネフィットとして強調するのは**不正解**。ドリルを買う人は「穴を開ける」機能を求めているので、相手の**ニーズに合わせた価値**を売り込むとよい

Point

☑ **利益や価値が多いと記憶に残らない**
☑ **一番のウリを明確にする**
☑ **一点突破のほうが採用されやすい**

CHECK ⑥／サプライ３
あなた自身の思い入れは

•「思い入れ」「熱意」が不可欠

企画書・提案書に付け加えられなければならない大きな要素として、**あなた自身の思い入れや熱意**があります。これは、話し言葉で書いたり、説明をする際に大きな声を出すという意味ではありません。実行することで相手の得になると、あなたが確信していることを伝えるということです。相手のために、多くの資料を調べ、考察し、工夫したことは必ず相手に伝わります。

• 相手の心を動かすためには

熱意を持って資料を調べてつくられた企画書・提案書は読めばわかりますが、それだけでは相手の心は動かせません。成功のために行うべきことを見抜き、それを効果的に見せるためにはどのような工夫をすべきなのか、成功することで得られる利益や価値をどうやって生み出すのかという**方法を提示する**ことが非常に大事です。

• 相手の目線に立った提案を

熱意があっても、あくまでも**相手の目線に立つことが大切**です。その企業が自分たちでその企画を実現することで得られるモノを想像しなくてはいけません。それは、提供されたモノをただ受け入れるだけではなく、相手の担当者・上司・会社がその企画に関わる意義や意味があることが重要なのです。「ウチでなくても成立しますよね」という内容では、相手の気持ちを動かすことはできません。

提案先＝パートナーと考え思いを伝える

提案先は、一緒に課題・問題点を解決するパートナー

適切な関係	提案することで課題を一緒に解決する"相棒"に

  提案者・提案先
課題解決が
共通のゴール
▶
ゴール

不適切な関係	企画が採用されれば、課題解決の成否は"他人ごと"に

 **提案者**
企画採用が
ゴール **提案先**
課題解決が
ゴール ▶
ゴール
↯
スタート

最後の決め手になるのは熱意

「採用されたい」などあなた主体の熱意ではなく、相手の課題解決を本気で考えているという**相手主体の熱意を伝える**

社長、この度は企画を採用いただきありがとうございます

君の熱意が企画書から伝わってきたから採用したんだ

これで課題解決の第一歩をスタートできるぞ！

ほかの企画のほうがよかったが君の熱意に期待しよう

 Point
☑ 思い入れや熱意を入れ込むのが大事
☑ 達成するための方法を提示する
☑ 相手にとって関わる意味がある企画書・提案書に

CHECK ⑦
ニーズとサプライが一致しているか

• 6項目を一致させる

　押さえておくべき10項目のうち、①～③の需要（ニーズ）と、④～⑥の供給（サプライ）の6項目はこれまで説明してきたように、正確な情報をつかみ、間違いがないように準備する必要があります。しかし、それだけでは十分ではありません。重要なのは3つのニーズとサプライが**きちんと一致している**ことです。

• 6項目が自然に盛り込めているか検証しよう

　まず、その企画書・提案書は①誰に向けたものか、②誰が得をするのか、③相手は何をほしがっているのか、という3つのニーズに応えられているか、そしてそれに④どんな価値があるのか、⑤一番のウリは何か、⑥あなた自身の思い入れは、という3つのサプライを盛り込めているかを確認します。それらの6項目が**1つの自然な流れ**になっていればOKです。

• 全体が一致していないと整合感が出ない

　まずは、誰が何をほしがっていて（①③）、それに対して自分の提案を実行すれば誰がどんな得をするのか（②④）がきちんと記されているか確認します。そのなかで一番のメリットは何か（⑤）を誰に向けて提案しているのか（①）が明確になっているかをチェック。そこにあなた自身の思い入れ（⑥）が盛り込めていればOKです。**かみ合わない場合は全体を見直す**必要があります。

作成前の最終チェック

ニーズ　　　　　　　　　　　　サプライ

①対象者は明確か？ 例：取引先の社長

②誰が得をするのか？ 例：取引先の社長や従業員

③何を望んでいる？ 例：便利なシステム

④最大のベネフィットは？ 例：業務時間が減る

⑤ベネフィットは適切か？ 例：業務効率がよくなる

⑥企画への思いはあるか？ 例：従業員に喜んでもらいたい

対応する項目が見つからないときはもう一度全体を考え直す

ニーズとサプライが一致していない例

ニーズの確認が不十分だとサプライと合致しない

ニーズ（効率向上） システム導入	≠	サプライズ（効率向上） スキルアップ研修実施

仕事効率が向上する低コストなシステムがほしいのに

従業員のスキルアップ研修で効率向上を提案するぞ

残業を減らせる新しいシステムがほしいのに

研修費用かかるけど残業が減ってコストダウンになって喜ぶに違いない

Point

☑ ニーズとサプライを正確に把握する
☑ 6項目が盛り込めているかを検証
☑ かみ合わない場合は全体を見直す

CHECK ⑧⑨⑩
書く前に行うべき検証ポイント

● 想定問答に答えられるか

残り3つのうちの1つ、項目⑧は**相手を納得させられるか**です。どんなに練られた企画書・提案書でも完璧なモノはあり得ません。必ず疑問や懸念点が挙げられます。大切なのはそれに対する準備で、どんな疑問や懸念点が挙げられるかを予想し、それに対する回答を考えておくことです。「ここは別の方法があるのでは？」という意見が出そうなポイントは、事前にしっかり回答を準備しておく必要があります。

● 企画の効果をイメージしてもらおう

項目⑨は、**相手の反応をイメージできるか**です。相手の前向きな姿勢が想像できるといいでしょう。そのためには、企画・提案の効果を相手が想像できる企画書・提案書にする必要があります。相手が自分のニーズが満たされたシーンをイメージできるように、提案の採用前と採用後の差を盛り込むといった工夫が必要です。

● 最後にダメ押しをしよう

項目⑩は、**最後のダメ押しがあるか**です。他の似た案件での**成功事例**を提示できれば、かなり説得力を増すことができます。そのような事例がない場合には、自社でなくても似たようなケースを紹介するとよいでしょう。それ以外にも「今やらなくては競合他社に先を越されるかもしれない」という機会損失をイメージさせるのも、強力なダメ押しになります。

想定問答とその返答例

上司や先輩など経験が豊富な人に事前に相手から質問されると予想される内容を聞き、その回答を準備しておく

例：手段

SNS より CM のほうが効果が見込めるのではないか？

ターゲット層はテレビより SNS を見る時間が長いので SNS がベストです

例：期間

もっと長期間、広告を出したほうがいいのでは？

SNS ではやりすぎると CM 以上に嫌悪感を抱かれるため短期間なのです

企画・提案の効果をイメージさせる

相手にイメージさせる例として以下のような方法がある

具体的な数字を入れる

企画を実施することで、売上が1億から10億円にアップする⁉

イラストや写真を入れる

みんなが、美味しそうに新商品を食べてくれていて、嬉しいな！

成功事例を紹介する

ライバルの B 社がすでにシステムを導入し、残業が半減している⁉

Point
- ☑「CHECK ⑧」相手を納得させられる
- ☑「CHECK ⑨」相手の反応をイメージできる
- ☑「CHECK ⑩」最後のダメ押しがある

記憶に残る
企画書・提案書とは

● 次につながる「記憶に残る企画書・提案書」

　ここまで、「採用される企画書・提案書」を念頭に置いて説明して
きましたが、もし一度採用されなかったとしても、次の機会がないと
も限りません。相手があなたの企画書を覚えていて、別の仕事を振っ
てくれる可能性はあります。そのように次につなげるチャンスを残す
ために必要なのは、相手の「**記憶に残る**」ことです。

● キーワードを繰り返す・図版を使う etc

　採用されなくても「記憶に残る企画書・提案書」とは、どんなもの
でしょうか。例えば、**スローガン的なキーワードが繰り返し登場**した
り、一番の売り文句が最初と最後に配置されていると、印象が強まり
記憶に残ります。また、前ページで説明したように「今すぐ始めない
と損をする！」といった切迫感を演出するのもいいでしょう。図版(画
像) を豊富に盛り込むのも、1 つの手です。

● 結論を先に提示（アンチ・クライマックス法）

　物事を説明するのには、前提となる話から順番通りに続けて最後に
結論を提示する場合と、いきなり結論を提示してからそれについて説
明する場合とがあります。相手の記憶に残ることを目指すのであれば、
有効なのは後者です。**結論を先に提示する**こと（アンチ・クライマッ
クス法といいます）で、こちらの企画に興味がないかもしれない相手
にも、企画の価値をより明確に意識してもらえるでしょう。

相手に企画を記憶をしてもらうコツ

目的の明確化	企画や○○する目的を**先に伝える**
好意を持たせる	提案先の**好み**を把握し、企画書に反映する
関心を持たせる	企画書や解説の途中に**くだけた話題**を入れる
楽しんでもらう	**語呂合わせ**を用いるなど、楽しく覚えてもらう
イメージしてもらう	**図やイラスト**などを用いる
共感してもらう	**話し言葉**や「**！**」**マーク**など感情を入れ込む
実感してもらう	**サンプル**を用意したり**体験談**を話したりする
危機感を持ってもらう	**競合と比較**して不足していることを指摘する

一度に覚える短期記憶には限界がある

●人は**7個（±2個）**しか短期記憶できない（ミラーの法則）
●目的や方法などを解説する際は**3つの理由**を挙げるのがベスト（マジカルナンバー 3)

例：飛行機を使う理由

安い・早い	安い・早い 安全	安い・早い・安全 荷物が運べる・楽

2つでは情報が少なく**説得力に欠ける**。5つは**多くて覚えるのが大変**。3つなら**少なすぎず多すぎず**、テンポよく覚えられる

> 🔍 **アドバイス**
>
> 提案先は企画を読んだり、説明を聞きながらメモをしたり考えたりしているので、短期記憶に優れた人であっても**覚えられる情報量には限度がある**

Point
☑ 採用されなくても**記憶に残れば**次につながる
☑ **キーワードの繰り返し**は有効
☑ 説明は「**アンチ・クライマックス法**」で

相手が見えていない
企画書・提案書

● 採用されない企画書・提案書とは

ここからは、これまで説明してきた採用される企画書・提案書とは真逆の、「**通らない**」「**採用されない**」理由を解説します。通らない・採用されないポイントを理解して、そのポイントの真逆を意識して企画書・提案書を作成することで、採用される可能性を高めることができるからです。

● 「相手が見えていない企画書・提案書」

採用されない理由の1つ目は、「相手が見えていない」です。32ページで「熱意」や「思い入れ」が一方的・独善的で相手の立場に立っていないと採用されない、と説明しましたが、熱意や思い入れに限らず、相手に伝えるための読みやすさ・わかりやすさなども徹底的に意識されなければ、**相手の心を動かす**ことは絶対にできません。どんなことでも相手の立場・視点に立つことが必要不可欠なのです。

● 相手を知ることが重要

では相手の立場・視点を意識するにはどうしたらいいでしょうか。それは**相手の要望などを知る、ひいては相手のことをよく知る**、ということに尽きます。26ページの、相手が「何をほしがっているのか」を読み返してください。オリエンテーションの際、必要な項目はきちんと確認し、押さえておきましょう。また仕事の話に限らず、ときには雑談などもヒントになるものです。

相手から企画書・提案書のヒントを得る方法

聞き役に徹する	会話の80%程度は相手が話すように意識する。ポイントは笑顔、相づち、肯定の3点。相手の話を整理して質問するようにすると、さらに情報が得られる
悩みごとを聞く	先方の重要人物から悩みごとを聞ければベスト。担当者の悩みを聞くだけでもヒントになる。解決法を考えてくれるだけでも相手はうれしいもの
雑談をする	雑談のなかには相手の本音が隠れている。もし、直接的なヒントを得られなくても、趣味や好物の話などをすれば、相手の人柄や好みがわかり、企画書・提案書に反映できる

人を思いやれないワケ

人を思いやる心は相手のニーズを把握するために重要！人を思いやれないのは、今の生活や環境に満足していないから。自分の生活や考えを見つめ直してみよう！

満腹の場合	空腹の場合

自分が満たされることで、他人を思いやることができる

Point

☑ 採用されないポイントを意識する
☑ 相手の立場・視点に立つ
☑ 相手の立場・視点に立つには相手を知る

検討してもらえない
企画書・提案書

● 誤字・脱字が多いと読まれない

例えば**誤字・脱字**が目立つと相手に「検討してもらえない」可能性
が高まります。前ページで挙げた読みやすさ・わかりやすさは、誤字
や脱字などが多いと大きく損なわれてしまい、読み通す気が失われて
しまいます。日々他の仕事にも追われるなかで、期限までに完成させ
ることばかりに気を取られ、最後の見直しが徹底されないと、えてし
てそのようなことになりがちです。

● 相手の名前を間違うのは論外

特に論外ともいえる最悪の間違いは、**相手の名前（担当者名や会社
名など）が間違っている**ケースです。名前を間違ってしまうと、検討
の対象にならないと肝に銘じましょう。パソコンのワードやパワーポ
イントなどを使って書く場合、誤変換や打ち間違いが起きがちですし、
そもそも自分が間違って記憶している場合（「長島さん」なのか「長
嶋さん」なのか、など）もありますので注意しましょう。

● 確認は何度でも。他の人のチェックも有効

「相手の名前を間違えない」というのは、何も企画書・提案書に限っ
たことではなく、社会人として基本的なルールです。**誤字や誤変換な
どは必ず起きる**と考え、複数回チェックすることを習慣にしましょう。
最終的に提出する前に、同僚や上司など自分以外の誰かに確認しても
らうのも大切です。常に万全を期しましょう。

間違いやすい漢字、社名

似ている主な単漢字	
富・冨	辺・邉・邊
斉・斎・齊・齋	崎・﨑・嵜・埼
真・眞	恵・惠
高・髙	郎・朗

例	間違いやすい主な社名
小文字ではない	キヤノン
	キユーピー
濁音に注意	ビックカメラ
	ブリヂストン
正式名を意外と知らない	東日本旅客鉄道（JR東日本）麒麟麦酒（キリンビール）美津濃（ミズノ）

読んでもらえる企画書・提案書の3原則

見た目がよい	紙の場合は印刷してすぐに**汚れないように**封筒などにしまい、データの場合は注釈や自分用のメモが残っていないか確認。数あるなかから手に取ってもらうためには、まずは**見た目が大切**
内容が簡潔	人の短期記憶は容量が限られているので、**関係ない情報は入れない**。言葉の重複や難しい言葉の使用を避けると、相手は読むことに集中しやすくする。また過度な装飾は不要
文章が見やすい	誤字や脱字は読みづらく、**雑だと思われる。言い切らない表現は自信がない**印象を抱かせてしまう。改行や読点の位置に気を使っていないと、相手の心証もよくない

Point

- ☑ 誤字・脱字が多いと検討してもらえない
- ☑ 相手の名前を間違えているのは最悪
- ☑ 提出前に複数回のチェック・第三者のチェックを

選んでもらえない
企画書・提案書

● 数字が入っていない・間違っているのはアウト

　読んでもらえて、検討してもらえたとしても選んでもらえない理由は、「**あいまいで、具体的・正確でない**」…つまり「数字が入っていない」「数字が間違っている」からなどです。企画の実行に伴って見込まれる集客などは、できるだけ具体的であるべきです。例えば売上などを正確に予測するのは難しいとしても、過去のデータなどは具体的・正確な数字を提示する必要があります。

● 数字以外の情報も不正確ではいけない

　正確さが求められるのは、数字だけに限ったことではありません。数字の出典元など数字以外の情報も正確であることが大前提です。今では、企画書・提案書に盛り込む情報をインターネットで調べることもありますが、古いデータ、間違った情報なども多く見られます。**ネットの情報はうのみにせず**、よく精査する必要があります。

● 文体もあいまいさを避けてはっきりと

　文体もあいまいであってはいけません。「〜と思われる」などの表現は、自信がなさそうに見え、相手から信頼されません。「〜などといわれている」「〜とされている」などの表現も、「誰にそういわれているのか？」「どこでそうだとされているのか？」とツッコミが入るのがオチです。この本でもここまで「〜かもしれません」といった表現がとても少ないことに気付く人も多いはずです。

選ばれる企画書・提案書の3原則

内容や文章が論理的	論理的な文章とはまず、主語と述語の関係を間違えていないことが必須。主語と述語をきちんと対応させるには**文章を短くする**のが効果的。これは**文章のねじれ**を防ぐのにも有効
内容に間違いがない	相手の要望や解決すべき課題や問題点など、**内容に間違いがない**ことが大切。特に**人名や社名、データ**の間違いは選ばれない決定的な理由になる可能性が高いので**記載内容に間違い**がないかを確認する
具体的なイメージができる	**信用あるデータや実例**があれば、実行した場合にどんな効果が期待できるかを提案先が具体的にイメージできるので効果的。また、そのイメージは**実行できるもの**でなければならない

入力ミスを防ぐ方法例

自分で再度確認する	声を出して確認すると集中力が維持される
画面を拡大する	確認箇所のみ拡大すると作業に集中できる
ダブルチェックをする	入力後に第三者に確認してもらう
小まめに休憩する	**5分程度の休憩**でも集中力は回復する
置換機能を使う	指定した文字を**まとめて修正**できる
校正機能を使う	**不自然な文脈や誤字脱字**を指摘してくれる
手伝ってもらう	担当作業を決めたり作業を分担したりする
自動入力を利用する	自動化ツールの **RPA** や **OCR** を利用する

Point

- ☑ 「**あいまい**」「**具体的・正確でない**」内容は NG
- ☑ **数字**が入っていないのも×、間違っていても台無しに
- ☑ 語尾をはっきり言い切る文体であいまいさを回避

もったいない
企画書・提案書

• わかりにくい=説明が尽くされていない

全体の方向性は間違っていないのに、あちこちに「抜け」があるため残念ながら採用に至らない…それが「もったいない企画書・提案書」です。「抜け」があるということは、つまり**説明が尽くされていない**ということです。採用されるためには、説明が尽くされていることも重要です。

• 自分だけわかっていても、相手は承知していない

提出する側は、「○○は××だ」と調べたり、「××だから△△なんだ」と考えたりして、企画書・提案書をまとめます。その過程で、すっきりまとめようとするなどのいろいろな理由で、内容のもとになるような**前提条件などをはぶいてしまったりすることがあります**。すると、前提条件を共有もしていなければ予備知識も持っていない相手には、伝わらなくなってしまうのです。

• とにかく説明を尽くさなければ理解されない

例えば、特に**説明もなく難解な専門用語やカタカナ語を多用**するのは、あなたはわかりやすくまとめたと思っても読む側の立場はそのようには思いません。この行為は、40ページに出てきた「相手が見えていない企画書・提案書」ということになるのです。ちなみにこの本でも、不要なカタカナ語はなるべく使わず、使う場合には「シングルイシュー」のケースのように必ず説明を入れています。

誰もが読みやすい企画書・提案書のポイント

一文が短く
まとまって
いる

主語と述語の
関係が
明確

結論を最初に
簡潔に書いて
いる

わかりにくい
言葉を使って
いない

文体が
統一されて
いる

グラフなどで
わかりやすく
なっている

伝わりにくい主なビジネス用語

ビジネス用語	意味	使われ方
アジェンダ	計画・予定	アジェンダを共有する
エビデンス	証拠・言質	エビデンスを取る
コンセンサス	関係者の同意	コンセンサスを得るようにする
シナジー	相乗効果	○○でシナジーが高まる
バッファ	余裕を設ける	日程にバッファを持たせる
ブラッシュアップ	質を高める	企画をブラッシュアップしました
マージン	粗利益	マージンはどのくらい
マスト	不可欠なもの	予算の確保はマスト
リスケ	変更・延期	明日の会議はリスケになります

ビジネス用語や専門用語をなるべく使わないほうが相手は話に集中できる。言い換えできる場合は日本語にしてわかりやすく伝える

Point
👆

☑ 説明不足は「もったいない企画書・提案書」
☑ 相手の知識に合わせた内容でなければ伝わらない
☑ 相手にわかりやすいことを意識し、**十分な説明を**

意味がない
企画書・提案書

● 論点が拡散すると結局伝わらない

　論点を1つに集約する「**シングルイシュー**」とは、1つの企画書・提案書には1つの目的だけを記載し、その目的が「誰に向けたものか」を絞り込み、提案すべき利益や価値を盛りだくさんにせず「一番のウリは何か」を明確にする…といったものです。論点が拡散してしまうと焦点がぼやけて、あいまいで伝わらないからです。

● 現実は「シングルイシュー」から遠ざかりがち

　ところが、実際には「シングルイシュー」の視点が欠けている場合が多いのです。これは企画書・提案書に限りません。例えばインターネット上で見るお店の自己紹介（特に字数の限られた SNS のプロフィールなど）で、お店の紹介と求人募集を一緒のスペースに書いてしまっているのがよくあります。これはお客として行こうとしている人にも求人を探している人にも伝わりにくい、**典型的な悪手**です。

● 「意味がない企画書・提案書」を避けるには

　盛りだくさんすぎて伝えるべき大事なことが伝わらない…これは「意味がない企画書・提案書」です。「相手に実行してもらう」のが最終目的である以上、そこに向かって**一点突破というのが最善**です。では、提案したい内容が本当にいくつもある場合はどうしたらよいのでしょうか。簡単です。目的や価値ごとに複数に分けて提出すれば、「意味がない企画書・提案書」にはなりません。

目的を見失った企画書・提案書はマイナス効果に

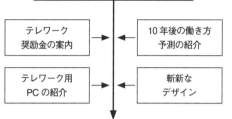

テレワークシステムの導入
（本来の目的）

すごくいい内容に
なったから、もっ
とこだわろう！

| テレワーク奨励金の案内 | → ← | 10年後の働き方予測の紹介 |
| テレワーク用PCの紹介 | → ← | 斬新なデザイン |

余計なモノ
多すぎる！

元の**目的から外れた余計なもの**を付け加えると
採用されにくくなる

企画書を読んでどうすればいいのか明確に

企画の採用結果の返事の期限や、相手に用意してもらいたい資料など、
相手にしてほしいことを明確にしておくことが大切

してほしいことが明確

○月×日までに採
用可否の返事をす
るのか

早めに検討
しておこう

してほしいことが不明確

採用可否の返事が
いつまでか書いて
ない

後回しでい
いか

Point

☑「**シングルイシュー**」を意識しないと意味を失う
☑ 最善の企画書・提案書は1つの目的に「**一点突破**」
☑ 複数の提案は複数の企画書でやればよい

「三方よし」が
理想の企画

・・・

「三方よし」という言葉をご存知でしょうか。これは、江戸時代後期から明治時代にかけて活躍し、現在の滋賀県を本拠地にしていた近江商人たちの考え方で、「売り手や買い手だけでなく、世間の利益や幸福にもつながるのがよい商売だ」という理念を後世の人々が一語にまとめたものです。この「売り手によし、買い手によし、世間によし」を目指すことは今のビジネスでも重要で、企画書・提案書を書くうえでも意識すべきポイントです。

　提案する側（自分）とされる側（取引先・上司）だけでなく、さらにその周りにどのような影響を及ぼすのか、どうすればより多くの人に利益をもたらせるか、という広い視点を持って考えると、ワンランク上の企画書・提案書が書けるようになります。

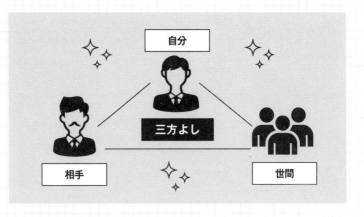

第 3 章

\ 絶対に押さえておくべきこととは？ /

企画書・提案書作成のキホン

3章では企画書・提案書を実際に書くための知識やスキルを紹介していきます。1、2章で学んだ内容を企画書・提案書で表現していくには3章で学ぶ知識やスキルが不可欠です。この章で採用される企画書を書くためのテクニックを学んでいきましょう。

企画書・提案書作成の順番

●「PDCA サイクル」の Plan を重視しよう

　企画書・提案書は、業務を進めるモデルとして有名なフレームワーク「PDCA サイクル」の流れで作成していきます。「Plan」（計画）で構成を考え、「Do」（実行）で実際に企画書に落とし込み、「Check」（評価）で内容を検証し、「Action」（改善）で修正を加えるのです。**特に大切なのは「Plan」（計画）**で、「誰が、どんな得をするのか」を意識して、その相手の課題を解決するアイデアを準備します。

●企画の立て方はパターンに当てはめて考える

　スタート地点は「どうやって企画書・提案書の形にするか」です。そこで有効なのが、「企画の立て方をある特定のパターンに当てはめていく」というやり方（Plan）です。この方法なら簡単に形にすることができます。**マネを繰り返して書くことに慣れていけば、自分なりの作成方法を見つけることができる**でしょう。

●企画を立てる 5 つの手順とは

　模倣すべきパターンとして、5 つの手順に従って企画を立てるやり方を説明します。手順 1「**適した規格を選ぶ**」、手順 2「**基本構成を考える**」、手順 3「**仮説と構成を考える**」、手順 4「**情報を収集する**」、手順 5「**課題と解決策を考える**」という方法です。どんなサイズで、どんな流れで、どんな主張をして、どんな情報を集めて、相手によい解決策を提示するのか、次ページから説明していきます。

企画力を身に付ける4段階

企画書のアイデア出しには**4つの段階**を踏むことが大切！

| 情報の収集 | ▶ | 情報の編集・加工 | ▶ | アイデア・情報の熟成 | ▶ | アイデアを逃さない |

企画に関連する情報、直接関係しない情報も**書籍**や**インターネット**などで収集

収集した情報を**組み合わせて**、新しい発見を見つけ出してアイデアにする

アイデアはすぐに落とし込むより間を空けてアイデアを熟成させる

熟成期間中に追加のアイデアを思いついたら逃さないようにメモをする

企画書に落とし込むまでの流れ

企画書の作成に取りかかるまでは以下の**段階**が必要

❶ 目的を決定する

❷ 作成する日程を決定する

❸ 型を決定する

❹ 仮説を立て・構成を決定する

❺ 情報の収集と整理をする

❻ 課題・問題点の解決策を考える

❼ 企画書・提案書を作成する（落とし込む）

Point

☑ 企画書・提案書の作成はプランが大切

☑ パターンをマネしてやり方を学ぶ

☑ 基本パターンは**5つの手順**から成る

図 3-2 企画書・提案書は2つに大別される

手順1
適した規格を選ぶ

● 提案先に合わせて1枚か複数枚かを選ぶ

企画書・提案書は、パワポ（パワーポイント）を使った複数枚のものとA4の1枚のものの**2つに大きく分ける**ことができます。パワポはプレゼンなどでも使われる定番ですが、社内での提案などではつくるのも読むのも時間がかかるため、A4の1枚企画書が好まれる場合もあるので提出先に合わせて使い分けましょう。

● A4の1枚企画書・提案書のメリット

企画書・提案書作成の最初のステップは、A4の1枚か複数枚のパワポのどちらの規格で作成するか決めることです。A4の1枚なら「**すぐに読め、目的も伝わりやすい**」という点がメリットです。複数ページでは「読むのに時間がかかりそう」と思われる可能性がありますが、A4の1枚で提出すれば問題ありません。企画の背景にある業界やクライアント情報などを共有している上司であれば、課題と解決策がすぐわかるほうが、読む気になりやすいのです。

● 複数枚の企画書・提案書のメリット

複数枚の企画書・提案書にもメリットがあります。スペースに余裕があるため、文字が細かい印象を与えず、イラストや写真などが使いやすい点です。さらに複数枚の場合は情報を多く盛り込めるため、説得力が増すという効果も見込めます。そのため**「しっかりとつくり込んできた」という印象を相手に与える**ことができます。

複数ページある企画書・提案書の主なメリット

熱意が伝わる	目的を伝えやすい	記憶されやすい
ページが多いことで**手をかけた印象を与える**	枚数が多いので説明を丁寧に**たくさん書ける**	内容とページを**リンクして覚えてもらいやすい**

他は1枚なのに10枚か！すごいやる気を感じる

このページ、字も大きいし印象に残るな

あのページにはアレが書いてあったな

企画書はA4!? フォーマットは使い分ける

一般的な企画書・提案書は**A4サイズで縦置き**が基本。プレゼン用や戦略的企画書などは**ページ数が多い横置き（パワポ企画書）**の場合もある

縦置き	横置き
ページ数が**少ない**（3ページ以内）	ページ数が**多い**（4〜数十ページ）
概念や考え方など**文章による説明が多い**	グラフや図による**視覚的な説明が多い**
▼	▼

 ワードで作成

 パワポで作成

Point

☑ 企画書・提案書は相手に合わせて規格を選ぶ
☑ A4の1枚ものはわかりやすさが最大の利点
☑ パワポ企画書は説得力が増すのがメリット

手順 2
基本構成を考える

● 書く前に考えるべき「基本構成」

　伝えたいことがたくさんあっても取捨選択は必要です。これは、アイデアをあるだけ詰め込んでしまうとゴチャゴチャして、「何がいいたいのかわからない」ものになってしまうため。規格の次は**企画書・提案書の " 基本構成 "** を考えましょう。基本構成とはどんな流れで説明をしていくかという、いわば企画書の設計図のようなものです。

●「前提」「目的」「方策」「計画」は必須

　提案する理由や原因となる「前提」、企画の価値やウリが明確になる「目的」、目的を果たすための「方策」、それを具体的に実行する「計画」の４つの項目は企画書・提案書には必須です。事前に理由や原因の説明があれば「前提」は簡略化できます。また、「計画」がウリの企画書の場合「方策」をボリュームダウンし、計画にスペースを割く場合もあります。４つの項目が含まれる企画書を作成しましょう。

● 細かいデータは別添えにする

　企画書・提案書を複数ページで作成する場合でも各項目に細かくデータを盛り込むと、かなりのボリュームになるでしょう。もちろん、A4 の１枚の場合は書ける情報は限られます。そのため、企画書・提案書は、**内容を整理して重要なポイントを強調して伝える**のが基本です。説得力を増したり、根拠を示すための細かいデータは参考資料などの形で別に添付するようにしましょう。

企画書・提案書の構成で押さえる4項目

前提	企画書・提案書の作成を**依頼された理由**や提案先が抱えている**課題・問題点**に加え、それに関連する**内的・外的要因**をまとめる
目的	この企画書・提案書の**目的（達成すること）**を簡潔にまとめる。信頼できるデータなどで達成できる根拠を記載しておくと、内容がより具体的になる
方策	目的の達成方法を複数記載する。その方法のなかで、**もっとも効果的で、経済的な方法**を示す。戦略は依頼者から提示される場合もある
計画	戦略の具体的な方法を記載する。「商品広告」の企画の場合、どの媒体をメインに、いくらで、いつまで広告を出すなど**明確に記載**

企画書・提案書に掲載しなくてよい項目例

掲載する情報は取捨選択する！

●細かすぎるデータ
数年単位の売上を比較する際には毎月の売上額まで入れる必要はなく年でまとめる

●解決方法がもたらすその他の効果
課題解決の方法によって得られる効果が複数あってもすべて羅列する必要はない

●仮説の根拠となった情報
根拠を強調するために元資料のデータを入れるのではなく、資料を別に用意する

つまり一番
大切なことは？

- ☑ 基本構成は企画書・提案書の設計図のようなもの
- ☑ 「前提」「目的」「方策」「計画」が必須項目
- ☑ 重要なポイントを強調するのが基本

図 3-4 問題の原因と対処法を明示する

手順3
仮説と構成を考える

• 基本構成ができたら「仮説」を立てる

　基本構成が確定したら、**「仮説」を考えます**。仮説を考えるにはアイデアが必要です。例えば、客足を増やしたい書店の企画なら、お客さんが足を運ぶアイデアを考えます。「人気作家が1日店長になる」ならその作家が好きなファンには「会える」というメリットがあり、「ファンなら来てくれるはず」といった仮説が導き出されるでしょう。

• 仮説をもとにして「構成」を練ってみる

　仮説を基本構成の4項目に当てはめていきましょう。まずは書店のニーズを前提として書き出し、1日店長イベントで集客に結び付けるという目的を書き出します。そして、イベント当日に新刊が発行される作家を起用する方策や、当日のタイムスケジュールや予算などの計画まで、大まかでよいので企画の骨子を組み上げていきます。

• 仮説は深掘りすることが大切

　上記の例では、効果は当日のみで、書店が大きく得をするとはいえません。そこで必要になるのが**仮説の深掘り**です。好きな作家がいることが来店の理由なら「作家のサインが飾ってある」「1日店長のときの写真が飾ってある」といった当日の追体験の工夫があることで継続した来店の動機になるでしょう。さらに、「好きな作家の作品が充実している」と認識されれば、サイン会がなくても通ってくれるなど、仮説を深掘りすることでニーズに応える方策も浮かんできます。

必要に応じて構成に加える項目

| 前提 | 目的 | 方策 | 計画 |

前提・目的・方策・計画の基本の4構成に
下記から必要な項目を加え、**企画書・提案書の質を高める**

表紙	宛名や**タイトル**、提出日などを記載
免責事項	注意事項や提案先への要望などを記載
サマリー	企画書・提案書の概要を記載
はじめに	**まえがき**や提案先への挨拶などを記載
目次	各ページに何が書かれているかわかるようにする
要望・条件	提案先から**依頼されている要望**や条件をまとめて記載
現状	背景・目的・要望などをもとに調査した現状を記載
ターゲット	企画のターゲットを記載。**ペルソナを設定**するのもよい
仮説	**仮説を設定し**、その検証や考察した内容を記載
検証	仮説を**検証した結果**を記載
提案	仮説検証をもとに**課題の解決策**を記載
効果	解決策を実施した場合の効果を記載
スケジュール	企画の実施スケジュールを記載
コスト	実施に関する**コスト**や期待できる利益を記載
おわりに	**おわりの挨拶**や再度利点（概要）を記載
別紙資料	本文には記載していない**詳細な参考資料**を添付

Point
☑ **ニーズに応えるアイデア**が仮説を導く
☑ 仮説から**具体的な構成**が生まれてくる
☑ 仮説の深掘りで有効な方策が浮かび上がる

図 3-5　信頼できる情報を選ぶ

手順 4
情報を収集する

● 情報はマクロからミクロまでいろいろ

　仮説にもとづいて問題解決のための大まかな方策や具体的な計画を練っていくためには、情報が不可欠です。政治や経済など世の中の情勢に関する「社会的な情報」、商品に関する詳細や業界誌に載っている市場データのような「裏付けとなる情報」、企画・提案の実施にかかる費用やイベント景品に関する規制といった「実施に必要な情報」など、大まかに分けると**仮説に関連する情報は3種類**になります。

● その企画の実現に必要な情報はどれか

　一般的な企画では、社会的な情報を必要としないことが多いです。例えば「ホームセンターの売上を増やしたい」という案件なら、近隣の競合店がどのような立地・品構えかなどの情報のほうが重要でしょう。なぜなら、お客さんの目に魅力的に映るためには何が必要なのかといった「**裏付けとなる情報**」を知ることのほうがホームセンターの売上を増やすことにつながるからです。

● 情報は多ければよいというものではない

　情報は多種多様で、目的に合わせて絞り込んでいくことが大切です。上記の例でいえば、ホームセンターをよく利用する世代の全国平均などは、当該店舗とは一致しないことがあります。必要なのは店舗のある地域の客層を知ることです。企画に説得力を持たせたい場合は量ではなく、絞り込んで「**意味のある情報**」にすることが大切です。

企画書・提案書に必要な情報は3つに分かれる

社会的な情報

社会全体の動向を示した情報。一般的な企画書や提案書には不要な場合が多い。官公庁や研究機関などが発信している情報が該当

裏付けとなる情報

企画を実施する理由となる情報。企画書・提案書には必ず掲載しなければならない情報。企業の調査データや消費者アンケートなどが該当

実施に必要な情報

企画を実行するために必要な情報。企画書・提案書は実施することが前提になるので、この情報が最重要といえる。予算や企画の実施方法などが該当

情報収集のやりすぎはNG

情報過多になる

企画書・提案書には相手が望む最低限の情報があればよい。情報が多すぎると相手に負担をかけるうえ、まとめるのも大変に

費用がかかる

情報収集のために書籍の購入や独自調査をするとコストがかかる。必要な情報ではなかった場合は調査費用が無駄になる

時間がかかる

情報が多ければ多いほど情報の整理や分析に時間がかかる。アイデア出しや作成の時間がなくなるのは本末転倒

Point
- ☑ 仮説に関連する情報は3つに大別される
- ☑ 社会的な情報は一般的な企画書・提案書の場合不要
- ☑ 情報量よりも意味のある情報が大事

図 3-6 悩みの解消が企画書・提案書の目的

手順 5
課題と解決策を考える

●「課題」を設定し「解決策」を考える

必要な情報が収集できたら、仮説と情報をもとにして**解決すべき「課題」を最初に設定**します。そして、その具体的な「解決策」を考えていきます。例えば「新商品が全国平均より売れていない」というケースでは、「他の店舗と違うやり方が原因」という仮説にもとづいて別店舗や競合との違いを分析します。「陳列レイアウトが違う」などといった原因が浮き彫りになったら解決策を導くのも簡単です。

●課題をあぶり出し、解決策を検証する

原因がわかると、解決策も導き出されます。ただし、課題解決の方法は何通りもあったり、複数の原因があったりする場合もあるため、**多くの可能性を探るのが大事**です。複数の解決策を用意したら「現実的な解決法か」「過去に同じことをやって失敗していないか」などを検証します。有効であることが確信できる解決策を採用しましょう。

●相手から具体的な課題が提示される場合も

提案先が先に課題を提示することもあります。しかし、それが、**原因と一致しているとは限りません**。相手の分析をうのみにせず、自分でも仮説を立てて分析し、原因を特定する検証をしましょう。もし原因が提示された課題とズレている場合は、「目の前の原因（課題）をまず解決する（中間地点を目指す）」ことで相手の考える課題の解決方法を実行できるようになる、という構図にするとよいでしょう。

課題摘出のポイント

収集した情報から課題や問題点を摘出するときのポイント

視点を変える	情報の全体を見る視点と細部を見る視点を使い分ける
立場を変える	提案先のほか企画の恩恵を受ける消費者などの視点を持つ
直感を信じる	ときには直感を信じることも重要
条件を無視する	提案先の希望条件に縛られずに情報を分析してみる
視覚化する	情報をグラフや図版化し情報を視覚化する
情報の裏側を考える	なぜ、このような情報（データ）になったのか、情報の裏側を考える

課題解決の5つの工程

課題の摘出	収集した情報などから課題を摘出

▼

課題の分析	摘出した課題の原因を分析

▼

課題の設定	原因を解決するための課題を設定

▼

解決案の作成	設定した課題を解決する案を作成

▼

解決案の検証	解決案が効果的で実現可能かなどを検証

Point
- ☑ まず課題を設定し、その解決策を探る
- ☑ 仮説を立てて課題の原因を分析する
- ☑ 提示された課題も検証が必要

図 3-7　見た目の美しさも大事に

ゴチャゴチャ感をなくす方法

● 見た目の美しさ・見栄えをよくすることも大切

見た目の美しさも企画書・提案書には大切です。ゴチャゴチャしていると相手に「まとまっていなそう」「読む気が起きない」という気持ちを抱かせてしまいます。イラストや写真といった派手に見えるモノが印象を大きくし、見栄えもよくすると思いがちですが、見た目で大切なのは、最初から最後まで相手の目に触れるフォント(書体)です。

● フォントが多すぎるのは NG

Windows の基本ソフトであるワードは「游明朝」、パワポは「游ゴシック」と書体が最初から設定されています。これらのソフトは「ここは目立たせよう」と違う書体にできますが、やりすぎは NG。独自性を出そうとして多くの書体を使うと、全体の統一感がなくなり、何を強調したいのかわからなくなります。**強調する場合は、太字や色文字といった機能を使ったほうがまとまり感のある仕上がりになります。**

● フォントは 3 種類まで、内容も見直そう

日本人が読みやすいといわれるのが「明朝」系フォント、カチッと硬いイメージで印象が強いといわれるのが「ゴシック」系フォントです。そのため、**本文には明朝系、強調したい本文や見出しにはゴシック系**がよいといわれます。この 2 種類のほかにもう 1 つアクセントになる書体を選べば 3 種類です。太字や色文字、下線といった装飾も使えることを考えれば、これ以上は多すぎになってしまいます。

主なフォントと特徴

フォントがバラバラだと見にくく、見た目も悪い。使用するフォントは**見出し・本文・その他用の3種類まで**！

フォント名	使用例	特徴
明朝体	あいうえお	はねや払い、線の強弱があり**可読性が高い**。**本文に最適**なフォント
ゴシック体	あいうえお	線の太さが一定なので**視認性が高い**。**見出しに最適**なフォント
メイリオ	あいうえお	文字と文字の間が広いので**視認性が高い**。特に**パワポでの使用に最適**なフォント
Arial	ABCDEFG	ゴシック体より線が太く、メイリオより**スッキリ見える**。数字表記で使用するのが最適

余白を意識したレイアウト

余白や行間が適切

A商品の課題

テレワークの普及により、出社する会社員が減少し、ついで買いが減少している。また、X社のB商品にシェアを奪われている

余白や行間が不適切

A商品の課題

テレワークの普及により、出社する会社員が減少し、ついで買いが減少している。また、X社のB商品にシェアを奪われている

余白や行間、見出しと本文の間などの**間**を意識し、**読みやすいレイアウト**で作成する

Point

☑ 企画書・提案書は見た目の美しさも大事
☑ フォントの種類が多いと読みにくい
☑ 3種のフォントと装飾機能で十分

図 3-8 読みやすさも大事な要素

視線の流れを理解する

● 読む人の視線の流れを意識したレイアウトを

　企画や提案のウリや推しとなる部分を相手に伝わりやすくするには、**レイアウトも重要**です。レイアウトを考える際は、どこに見出しや本文、イラスト、写真、図表を置くかを考えていきます。視線の流れには法則性や規則性があり、それを意識したレイアウトにすると読みやすさがアップし、伝えたいことが相手に伝わりやすくなります。

● チラシにも応用されている「Zの法則」とは

「Zの法則」とは、横書きの書類などを見るときの視線の動きの法則です。人は**左上→右上→左下→右下**の順に視線が動きます。その流れがアルファベットのZの形のためこう呼ばれます。つまり、特別なことをしない限り、人は左上の情報から目にするのです。この法則にもとづいてA4の1枚企画書のレイアウトを考えると、左上に一番強調したいものを置くのがよいでしょう。

● 人間の視線は 15 度以上動かない？

　書類などを見るときに「**人が一度に把握できるのは左右 15 度まで**」ということが認知心理学で明らかになっています。そのため、1行の文字幅がページの端から端まであるようなレイアウトは、視線を左右いっぱい動かす必要があるため読む人にストレスを与えます。相手がパッと読めるように、1行の文字数を少なめにするのが正解です。レイアウトを工夫し相手にストレスを抱かせないようにしましょう。

視線を意識したレイアウト

視線はZに動くので、それを意識したレイアウトを考える

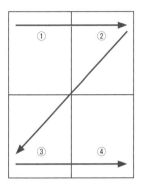

①→②→③→④の順番で視界に入る。
記憶の順番も視線の順番になる

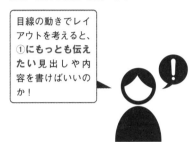

目線の動きでレイアウトを考えると、①にもっとも伝えたい見出しや内容を書けばいいのか！

Zの法則を意識したレイアウト

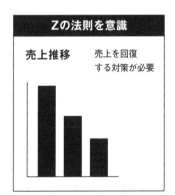

左から右、上から下の視線の流れに合わせて説明を並べる

Point

☑ 視線の流れに沿うと**読みやすさが増す**
☑ 一番強調したいものは**左上に配置する**
☑ **1行の文字数は少なめにする**

図 3-9 文字の装飾の効果を使う

適度にメリハリをつける

● 適度なメリハリが伝わりやすさにつながる

　ワードやパワポは、フォントだけでなく、「太字」「斜体」「下線」「蛍光ペン」など、さまざまな**文字装飾の機能**があります。例えば見出しはすべて太字にするなど「同じ文字装飾を使うと同じ意味を持つ」ということがわかりやすくなります。また、重要な部分には下線を引いたり、引用元は斜体を使うなど周囲と明確に違うことが表現できるため、長い文章であってもメリハリをつけることが可能です。

● やりすぎは NG、ゴテゴテにならないよう注意

　フォントを変えなくても強調や違いを表現できる文字装飾の機能ですが、こちらも使いすぎると**どこを強調しているのかがわかりにくく読みづらくなります**。また、2〜3行にわたって太字と下線が引かれた箇所がいくつもあるのも論外です。文字装飾も絞って使用しないと、見づらくなるので注意しましょう。

● シンプルな処理で要点を目立たせる

　A4 の 1 枚企画書では、「**タイトルはゴシック系かアクセントになるフォントで文字サイズは大きめ、小見出しはゴシック系の太字、本文は明朝体**。本文の重要な部分には下線を引き、強調したいキーワードを太字にする」というのが基本です。アクセントになる書体は、キャッチコピーなど特別に目立たせたいものに使っても構いません。写真やイラスト、図表がある場合は、色文字を使ってもいいでしょう。

よく使う強調表現

強調箇所だけ読めば企画がわかるように強調するのが理想。強調表現はシンプルかつ古臭くないようにする

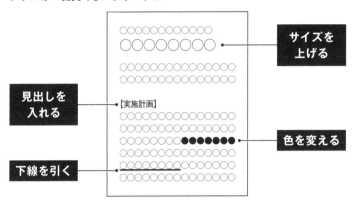

配色の黄金比を意識する

カラフルな企画書・提案書は**読みにくく**、**色に意識が向いて**、内容が印象に残らない。本文の黒文字（ベースカラー）に**メインカラー**、**サブカラー**、**アクセントカラー**を配色の黄金比を意識して使い分ける

配色の黄金比：70：25：5

70%	25%	5%

■ メインカラー：全体のイメージカラー。タイトルなどに使用

■ サブカラー：重要度が低いテキストやオブジェクトに使用

■ アクセントカラー：特に強調したいテキストに使用

Point
☑ 文字装飾機能で強調や違いを表現できる
☑ 装飾も種類や量を使いすぎるのは NG
☑ 最小限の処理で要点をわかりやすくする

リアルな体験を盛り込む

● 忘れられない体験をさせる

　オーソドックスな企画書・提案書は、相手に読んでもらいやすい反面、印象に残らないことがあります。一読して「ふーん」と思われて、そのまま忘れられてしまうのを避けるためには、**相手の印象に残る**モノがなければいけません。そのために有効なのが、「体験」を感じさせることです。読んで心に残る体験とは、お客さんにお礼をいわれる、上司にほめられる、といった、成功体験を抱かせることです。

● 図版や模型などは非常に有効

　具体的な成功のイメージを抱かせるには、写真やイラストなどを入れて**イメージを抱きやすくする**のが有効です。写真やイラストも、商品だけよりも商品を実際に使用しているお客さんの表情がわかるほうがお客さんを目の前にしたときのイメージが湧きやすく、強く印象に残ります。その場にいる様子を想像させるとよいでしょう。

● 成功体験をリアルにイメージさせる

　企画書・提案書は、問題解決の提案をするものです。そのため、相手の問題が解決したり、業績がアップしたりといった、**リアルな成功のイメージを盛り込むこと**が大切です。「売上が25％アップ」「来店人数が2倍に」など情報を補足する数字を入れ込むと、成功のイメージがより具体的になり、相手の記憶に強く残ります。採用されるには、相手のイメージをより具体的なものにする工夫が必要です。

体験させる企画書・提案書

企画書・提案書にサンプルを加えて提出することで、**相手の記憶に残り、さらに企画のイメージもしやすくなる**

企画書・提案書　サンプル

新商品企画なら商品サンプルを、システム導入の企画ならシステムを使ってもらうなど、企画に適したサンプルを用意

サンプルを用意してくれるなんて、わが社の企画に対してのやる気と熱意を感じる

サンプルのおかげで企画のイメージもしやすくなった

想像のなかでの体験でもよい

サンプルを用意できなかったとしても、導入事例の紹介や**イメージ写真を添付する**などして**企画をイメージしてもらう工夫を！**

この3つは相手に想像させるのに効果的

☑ イメージイラスト
☑ イメージ写真
☑ 体験談の紹介

企画を**わかりやすく伝える**ことができ、さらに**記憶に残るように**工夫できるようになれば企画採用の確率は高まる

Point
☑ **成功のイメージを抱かせるのが大事**
☑ **写真やイラストは想像力をかき立てる**
☑ **リアルに感じさせる工夫を凝らす**

相手の心に引っかかる方法

• 「どういうこと?」と興味を持たせる

記憶に残る方法の1つに、あえて「わかりにくい」部分を入れるという手があります。例えば見慣れない用語やキャッチフレーズ的な造語を使用するといったものです。**「これはどんな意味?」「どういうこと?」と引っかかり**をつくり、その疑問を企画書・提案書のなかで解決して相手に「理解できた!」という充実感（体験）を与えるのです。

• 認知心理学のそのほかの方法

人が書類などを見るときに視線を動かす範囲や視線を動かさずに一目で見渡せる範囲には限度があります。つまり、細部を見せようとして写真を大きくしたり、たくさん入れても、度がすぎればわかりにくくなるだけなのです。一方、通常の文字よりも視認しやすいのが濃い地色の枠に白の文字を入れているもので、見出しなどに使うと効果的です。こうした**認知心理学の手法**を取り入れるのはおすすめです。

• 心理学は企画の工夫に役立つアイデアの宝庫!

資料にユーザーアンケート1位の意見などが盛り込まれるのは、裏付けとなる情報という意味だけでなく、「1位の意見はみんなの意見を代表している」という心理的効果をもたらすからです。数字の説得力に加え、**みんなという要素が安心感を与える**というのは、社会的比較理論で明らかになっています。認知心理学などの心理学は、企画書・提案書に限らず、ビジネス全般に応用できる知識の宝庫です。

認知度が向上するレイアウト

認知心理学の知見をレイアウトに取り入れるのはおすすめ！かんたんに取り入れ可能な**3つの知見**を紹介

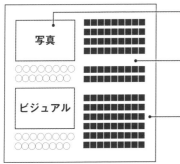

写真はもっとも強烈な**アイキャッチ**。写真のキャプションは**本文の倍読んでもらえる**

行間や文字間を空けると拾い読みしてもらいやすくなる。**強調表現と併用する**のがおすすめ

読みやすくするためには、写真やイラストなどの**ビジュアルは左**、**本文は右**を原則にする

見出しで相手を引き込む

ときには**相手に「？」と思わせる**見出しや単語を使うことで**印象に残る**企画書・提案書になる場合もある

認知的不協和音を含む見出し

認知的不協和音とは、自分の知識や経験と一致しないことを解消しようとする心理状態

専門用語や独自の言葉をあえて使う

専門用語などの使いすぎは相手の集中力を乱すが、あえて使うという選択もある

無料の最新システム

無料で使えるわけないと思いつつ、**その理由が知りたい**という心理が働く

○○の法則

知らない法則について本文を読んで理解しようという気持ちにさせる

Point
☑ 違和感を感じさせるのも手の1つ
☑ 認知心理学の手法でストレスをなくす
☑ 心理学的アプローチも利用する

意味のないイラストは使わない

● イラストを効果的に使って喚起力アップ

写真やイラストなどは**イメージの喚起力が非常に高い**ため、うまく使えば企画を強烈にアピールする後押しになります。「イラストより写真のほうが、現物がよくわかるから訴求力がある」と思われがちですが、使い方などを説明するイラストは、写真のように背景がないため説明に目が行きやすく、相手の興味を強く引くことがわかっています。

● 人物のイラストは使える

企画書・提案書で使うと効果が高いのが人物のイラストです。特に**顔（表情）が描かれているイラスト**は、相手の目を引きます。商品を使っている人や企画の内容を実行した人が喜んでいるようなイラストを入れると、実際にそのシーンを目撃したようなイメージを抱くため非常に効果的です。

● 意味のないイラストの多用は厳禁

企画書・提案書と相性がよいイラストですが、内容と関係のないイラストを使うのは NG です。これは、イラストが使用されていると内容とリンクしているという印象を与えるためです。「どこで関係するのか」など、注意力を下げて内容への理解度や共感を下げてしまいます。また、最後まで読んで関係ないとわかったときには「だまされた」という印象が残り、企画内容への信頼度も下がります。つまり、**意味のないイラストはマイナスにしか作用しない**のです。

むやみなイラストは貴重な紙面を奪うだけ

企画書・提案書はA4用紙1枚で簡潔にまとめわかりやすく伝えるようにすると相手は読みやすい。限られたスペースを意味のないイラストで消費しないように注意！

意味のないイラスト使用例

企画のイメージ
と関係のない
イラスト

空きスペースを
埋めるためだけ
のイラスト

企画のイメージ
がわかりにくく
なるイラスト

イラストは本文に比べ印象に残りやすい！
企画の目的と関係ないイラストは企画の印象を薄れさせる

印象に残る企画書・提案書作成のチェックリスト

- ☑ レイアウトに**Zの法則**を取り入れているか
- ☑ **強調表現**は適切に使っているか
- ☑ **フォントの数**（3種類）と使い方は適切か
- ☑ **行間**や**文字間**、**余白**は適切か
- ☑ 色の使用は適切で、**配色の黄金比**を意識しているか
- ☑ **認知心理学**の知見を取り入れているか
- ☑ 相手に**体験**や**イメージ**させる工夫ができているか
- ☑ 写真やイラストなどの**ビジュアル**の入れ方は適切か

Point

- ☑ イラストは**イメージ喚起**の強力ツール
- ☑ 表情がわかるイラストは目を引く
- ☑ 意味がないイラストは**マイナス**に作用

タイムパフォーマンスも
忘れずに

．．．

　丁寧な企画書・提案書をつくることは大切ですが、時間をかけすぎるとマイナス評価になることがあります。時間をかけすぎて、他の仕事をする時間がなくなったり、周囲から限られた就業時間を浪費していると思われたりして、努力を無駄にしないようにしましょう。作成は仕事の一部であると考え、時間効率を求めることも大切です。

　効率を上げる方法には、必要な要素だけに絞って書く、マネできるところはマネする、シンプルなデザインにする、などがあります。チームで取り組む企画の際は、複数人で書くのも効果的です。アイデアの幅も広がり、互いの間違いも指摘できるので、可能であれば手分けして書きましょう。協力することで、提案までに一体感を高めることもできます。

効率よく企画書・提案書を書くために

☑ **要点以外はとことん削る**
☑ **上司や先輩などの過去の企画書・提案書のマネをする**
☑ **デザインにこだわりすぎない**
☑ **手分けして書く**（チームで作業する場合）

▼

時間効率を求めても、手抜きをするわけではない
＝企画書の質が下がることはない

\ 素早く、たくさん提出できるのがメリット /

1枚企画書の
つくり方

採用される企画書・提案書を1枚で書くために
は、必要とされる要素を簡潔かつ的確に書く必
要があります。これができれば企画書・提案書
を書くための基本的な知識・技術は身に付いた
といえます。この章で、企画書・提案書の基本
をマスターしましょう。

A4 の 1 枚企画書が
適しているもの

● 手軽さと早さに優れた A4 の 1 枚企画書

　ビジネスでは素早い対応が重要です。企画書の作成も同様で、その意味で A4 の 1 枚企画書は非常に優れています。なぜなら、A4 の 1 枚企画書は複数枚の企画書に比べて**手早く書き上げることができ**、読む側も短時間で手軽に読むことができるからです。つまり、A4 の 1 枚企画書はパッと作成できて、サッと目を通してもらいやすい"**ボリュームの少なさ**"が最大のメリット。ただし、内容が薄くなってはいけないので、重要なことを簡潔にまとめる能力が必要です。

● 言葉や情報は簡潔にまとめる

　A4 で企画書を完結させるためには、**いらない言葉や情報はそぎ落とし**、簡潔でわかりやすくまとめる必要があります。ポイントは、シンプルに箇条書きでまとめていくこと。長文はスペースのムダ遣いになりかねません。必要な項目の説明文は、まず箇条書きで書くべき内容を並べ、必要に応じて接続詞を用いてつなげれば完成します。

● 判断の時間を短縮できる

　A4 の 1 枚企画書のメリットは、書く時間を短縮できることだけではありません。1 枚なのですぐに読んですぐに判断ができ、**読む側の時間をムダにしない**というのも大きなメリットです。興味を持ってもらえれば、さらに掘り下げた内容の提出を求めてきたり、そのまま採用されたりすることもあります。

1枚企画書での4要素配分例

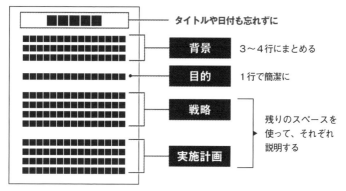

初めのうちは3枚ほどにまとめ、そこから削っていくとつくりやすい

素早い判断をしてもらうためのポイント

☑ 簡潔で**わかりやすいタイトル**にする

☑ **箇条書きを活用する**

☑ 限られた紙面内でも**予算計画は外さない**

☑ 詳しく説明したい資料やデータは別紙で添える

☑ **ゴシック体、太字、下線**などを駆使して文書に強弱をつける

☑ 読む人のことを考え、**文字を詰め込みすぎない**

☑ 要素ごとの**区切りが一目でわかる**ようにブロックごとに空白スペースをつくる

Point ☑ 企画書・提案書は**A4ペライチ**でも OK
☑ **必要最低限の情報**だけで完成する
☑ 相手の**読む時間を短縮**できる

A4の1枚企画書の書き方：タイトル

• 第一印象はタイトルで決まる

タイトルは、読んだ人の興味を引くために、インパクトがあり、内容がわかるものでなければなりません。**興味を引くタイトル**でなくては、続きを真剣に読んでもらえる可能性が下がる、いわゆる「流し読み」で終わってしまう可能性が高まるからです。そのため、タイトルは「続きを読みたい」と思わせるための工夫が必要です。ただし、インパクトを重視しすぎて、どんな内容の企画かわからないタイトルになってしまうのは NG。タイトルはこの2点に注意が必要です。

• タイトルはわかりやすくかつ具体的に書く

タイトルの文字数は、**15～20字がパッと読める**のでベストです。短すぎると必要最低限の情報が盛り込めず、長すぎると印象がよくありません。タイトルには「、」「。」などは入れず、「××について」ではなく「××についての企画書」などと書きましょう。補足が必要であれば、サブタイトルを使います。

• インパクトある文言はサブタイトルで活かす

インパクトが強すぎてタイトルには使えない、でも使いたい…という言葉は、タイトルの上や下に**サブタイトルとして入れる**のがおすすめです。その際は、文字のサイズをタイトルよりも小さくして、カギカッコや「―」「～」などで前後をくくり、サブタイトルであることをわかりやすくします。

タイトルの書き方 3つのポイント

具体的に	何が実現できる企画書・提案書なのか、**ひと目でわかるタイトル**にする。具体的な商品名やプロジェクト名を入れてもよい
目立たせる	内容だけでなく**見た目も大切**。初めに興味を引き、印象に残すためにも、目に留まりやすい**大きさや太さの文字**を使用する
簡潔に	内容がわかることが重要でも長すぎは NG。**できるだけ 15〜20 字にまとめ**、長くなる場合はサブタイトルを付け、内容説明をそちらで行う

タイトルの付け方例

「○○企画書」のほかにも「○○実施計画」「○○のご提案」といった付け方もある。内容にぴったり合うものを選ぶ

検討段階の場合は
「(仮)」や「(素案)」
を付ける

- ●新商品「○○」販売企画書
- ●「○○」公開記念 連動イベント企画
- ●社内向け**IT**セミナー実施計画
- ●○○部 作業プロセス改善案
- ●○○保険「乗り換えキャンペーン」
- ●新システム導入の提案
- ●新発売「○○」**TVCM**制作

Point
☑ **インパクト**と**わかりやすさ**が重要
☑ **15〜20 字程度**でパッと読めるように
☑ **サブタイトル**を活用する

A4の1枚企画書の書き方：背景

● 短く簡潔に伝えることを目指す

　一般的な企画書・提案書では、タイトルの次にその企画実行の前提となる「背景」を置きます。**背景では、提案相手の現状分析や問題点、課題を取り上げ**、これを起点として提案していきます。A4の1枚企画書では、現状分析や問題点の追究は簡潔に述べるに留めるのが大事です。興味を引き、今後の企画書作成につなげる一歩なので、明確かつ重要な問題や課題を1つ2つ挙げ、「これらの課題を解決するためのもの」だということを伝えれば十分です。

● 背景とすべき内容

　新製品の提案なら「現状分析」、製品の改善方法であれば「現状の問題点」と、提案する内容によって取り上げる背景は異なります。問題点が明らかな場合は長々とした説明は不要なので**箇条書きなどで端的に示し**、「これらの問題解決のための企画である」と記載します。

● 背景が不要な企画書も

　社内向けで問題点などが明らかな場合には、背景を省略してタイトルのすぐあとに目的を書き始める、シンプルな形にすることもあります。解決策のアイデアに目を通して方向性を確認してもらうという段階であれば、省略しても構わないのです。上長や役員会議に提出するために、さらに踏み込んだ内容を求められたときに背景をしっかり落とし込むことができるなら問題ありません。

背景は企画書・提案書の種類で変わる

中長期的な戦術的企画書、比較的短期間の戦略的企画書（86 ページ）のどちらなのかによって背景の内容も変わってくる

戦術的企画書

現状分析を行い、どのような課題があるのか明確にする。長期的な視点が求められるため、**さまざまな角度からの詳細な分析**が必要。ただし、簡潔にまとめることも忘れてはならない

戦略的企画書

オリエンテーションで**与えられた課題の確認**や、自主提出の場合は**なぜその企画をするのか**理由を述べる。現状分析を行う場合もあるが簡単に触れる程度になる。企画趣旨とすることも多い

背景の文例

戦術的企画書

レガシーシステムの弊害を取り除き、成長の足かせから解放
1、書類が紙ベースのため、作成や処理に時間がかかる
2、作成マニュアルがなく、毎回人が教えなければならない
3、個人情報保護の観点が希薄である　……

戦略的企画書　（与えられた課題の確認の場合）

1、貴社新商品「○○」のメインターゲットは 30 代女性
2、俳優○○を起用したイベントを○月上旬の週末に開催
3、予算は○○万円とする
4、提案期限は○月○日　……

Point

☑ 背景となるのは現状分析や問題点
☑ 問題点が明らかな場合は箇条書きに
☑ 1枚企画書では背景を省略することもある

A4 の 1 枚企画書の書き方：
目的

● 短い企画書でも絶対に必要な「目的」

　企画書、つまり相手に提案する際に「目的」は必須です。事前説明で提示されていても省略してはいけません。この**目的は「達成すべき事項」であるため具体性が大事**になります。「新規の顧客獲得」や「集客アップ」「回転率を上げる」など、短くてもいいので、何のための提案なのかをしっかり記載しておきましょう。

● 「目標」は「目的」の達成具合を測る指標

　目的は「達成すべきこと」や「ゴール地点」ですが、目標は「ゴールするために目指すべき指標」です。目的が「新規の顧客数の増加達成」の場合、目標は「昨年比20％増」のように**具体的な数値が入る**ため、成功か失敗かがわかりやすくなります。目標の数値は目的を達成できたかの判断基準になるため、実現可能な範囲に設定しないと「絵に描いた餅」になってしまうので注意しましょう。

● 「目的」が多い場合は絞り込む

　目的の項目では、達成するための目標に対する課題や問題点を挙げ、それらをどのように解決するかといった戦略や戦術を具体的に記さなくてはいけません。目的がたくさんあると戦略や戦術が複雑になったり、矛盾が起きて「達成が難しそう」と思われてしまいます。**目的を絞った企画書が採用されやすい**のはこのためです。1つの企画書に目的は3つ以内と意識して企画書を作成しましょう。

目的と目標の違い

目的	最終的に到達する地点。目的地。**何を成し遂げたいか具体的に書く**

目標	ゴールまでの間に到達するチェックポイント。**数値を使って表す**

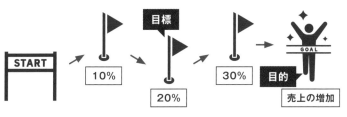

「目的」と「目標」は同じ意味ではない！

目的によく使われる言葉と使用例

獲得	新規登録者を**獲得**する
達成	上半期売上目標の**達成**
実施	海外視察の**実施**
向上	既存製品の品質**向上**
強化	社内体制の**強化**
促進	新サービスの利用**促進**
徹底	セキュリティ意識の**徹底**

目標は「売上○%増」「顧客数○万人突破」のように数値を入れて書く

Point

☑ **目的は達成すべき具体的な事柄のこと**

☑ **目標は具体的な数値が入るためわかりやすい**

☑ **目的を絞ったほうが採用されやすい**

A4の1枚企画書の書き方：
戦略

● 目標達成のための設計図

　戦略は目標を達成するためのいわば設計図。企画の方向性を示す指針であり、**問題を解決するための方法**が戦略です。その戦略に落とし込むべき内容は以下になります。

①**ターゲット**：商品などの使用者または購入者は誰なのか
②**コンセプト**：企画実施の際に貫き通すべき方針
③**エリア**　　：対象にする地域・国
④**期間**　　　：実施期間（いつから・どのくらい）
⑤**主な手段**　：使用する手法（SNSキャンペーンなど具体的に）
⑥**予算**　　　：エリア、期間、主な手段などからかかる金額を算出

● ターゲットは明確に

　ターゲットである使用者と購入者が異なる商品もあります。例えばランドセルの場合、使用者は子ども、購入者は親または祖父母です。そのため、**購入者が行動するための工夫が必要**になります。このようにニーズとサプライだけを考えていると見落とすことがあるので、ターゲットを正確に把握することは大切です。

● 「戦略」と「戦術」を混同しない

　戦略は「イメージ戦略」など全体の戦い方の指針であり、戦術は「インフルエンサーによる拡散戦術」のような個別の戦場での戦い方を指します。つまり、**戦略を実現するための具体的な方法が戦術**なのです。

ターゲット設定に役立つ STP 分析

STP 分析とは「セグメンテーション」「ターゲティング」「ポジショニング」の頭文字を取った分析法のこと。どのターゲットへ、どんな強みを用いてアプローチすべきかを明らかにできる

顧客の細分化	年齢や性別、職業、居住地などのプロフィールをもとに**顧客の属性**を細分化する

▼

ターゲットの決定	**細分化した属性のなかから**ターゲットを決定。企画内容に合わせて、1つの属性に絞って一点突破か、複数を選んで幅広く狙うかを決める

▼

立ち位置の明確化	競合他社と「どう違うのか」をアピールするためにターゲットからどう認識されているか（自分たちの立ち位置）を明確にして"**強み**"を明らかにする

戦略と戦術の違い

戦略
会社の目指す方向についての**将来を見据えた計画** **中長期的で大局的** 例：経営戦略、事業戦略

戦術
ある目的（戦略）を達成するために実際に行う個々の方法 比較的短期間で具体的 例：システム構築、広告

戦略は全体を見渡す視点で練られるため、戦略→戦術と段階的に考えなければならない。意味の違いを知って、適切に計画しよう

Point

☑ **戦略には6つの必須項目がある**
☑ **ターゲットを正確に把握する**
☑ **戦略を実現するための具体的な方法が戦術**

A4の1枚企画書の書き方：実施計画

● 戦略に定めた内容の具体的な実施計画

戦術とほぼ同じですが、戦術に具体的な行動予定と予算を明確に落とし込んだものが実行計画です。①ターゲット、②コンセプト、③エリア、④期間、⑤主な手段、⑥予算について「**いつ・どこで・何（誰）を対象に・どのように・どの程度の期間**」で行うか、「**費用がどれくらいかかるか**」といった詳細情報を記載します。

● 実施策、実施プラン、実施内容は同じもの

実施計画は、「実施策」「実施プラン」「実施内容」と書くこともありますが、同じことなのでどれを選んでも構いません。大切なのは、具体的な行動と予算が書かれていることです。**実施計画では戦略にない項目を入れない**ように気をつけましょう。コンセプトにない行動は、違う目的を追加することになり、失敗につながる危険があるからです。入れるのであれば、「主目的以外の効果を追加するため」というプラスαの項目として区別して扱いましょう。

● 実施計画は実行性がなければいけない

実施計画には、現実的に実施できるという実行性も必要です。「イベント会場が予定日に利用できない」「出演予定者が当日来られない」ということがないように、**提案前に確認したうえで**計画に組み込みます。不測の事態に備えてほかの候補を用意しておくなど、現実味のある実施計画を用意しましょう。

実施計画で具体性を示す

実施計画では、課題解決をどのように行うか、具体的な記述が求められる。
企画の内容により項目は増減するが、以下の項目が基本となる

実施計画に書く項目

- ☑ **何を行うか**（どのような企画か）
- ☑ **いつ行うか**（**期間**はどれくらいか）
- ☑ **対象者、ターゲット**は誰か
- ☑ **場所**はどこか
- ☑ 実現のためにどのような**方法**を使うか
- ☑ **費用**はどれくらいかかるか

実施計画の書き方例

社内研修の場合

1、日時：○月○日　午後○時〜

2、会場：○○会館2F 会議室（社より徒歩5分、別紙地図参照）

3、講師：ビジネスマナー講師・○○氏

4、費用：○万円（会場費○万円、講師謝礼○万円……）……

キャンペーン企画の場合

1、内容：他社から乗り換えて新規契約のお客様に○○プレゼント

2、実施時期：○○年○月○日〜○月○日

3、告知方法：店頭ポスター、TVCM

4、費用：○万円（添付資料参照）……

Point

- ☑ 実施計画は**具体的**でなくてはいけない
- ☑ 実施計画に**戦略にない項目**を入れない
- ☑ 提案する実施計画は**実現可能**なものに

A4の1枚企画書の書き方：
予定

● 予定に不備のある企画は不採用になる

「いつ・何を行うのか」という予定は、企画書に**必ず入れなくてはいけない項目**の1つです。予定が書かれていない企画書や、無理があるスケジュールで「本当に実現できるのか？」と疑われる企画書は、ほかがどれだけ素晴らしいものでも採用されません。現実的で実現可能な予定でなければ、企画を実施することはできません。

● 予定は見やすさを重視して独立させる

予定は実施計画の一部に含まれるものですが、重要項目のため見やすさを意識して**独立した項目として記載**します。イベント開催日の詳しいタイムスケジュールが必要な場合には、別紙で予定表を用意しましょう。大まかな予定で3～4行に収まるなら改行で、それ以上になる場合は表にしたほうが見やすくなります。エクセルで表をつくって入れ込み、きれいに見えるように文字サイズなどを調整しましょう。

● 下準備や後処理などを忘れずに入れる

企画書の予定は、**メインの内容の実施工程に目が行きがちです**が、下準備や後で発生する作業などの記載も忘れてはいけません。例えばイベント開催であれば、複数の会場を調べたり、下見をしたり、どこにするか検討する期間といった下準備の期間も必要になります。また、イベント開催後に発生するアンケート集計や記念品の送付など、メイン後の工程についても入れ込みましょう。

予定の書き方例

①文章中に記載

○月○日：第1回会議
○月○日〜○日：調査期間
○月○日までに○○を完了

など

②表形式

○月○日	第1回会議
○月○日〜○日	調査期間
○月○日	調査結果検討
○月○日	第2回会議

③箱図

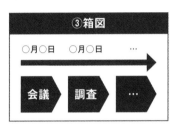

○月○日　　○月○日　　…

会議　調査　…

④ガントチャート

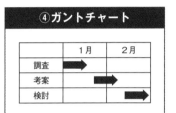

	1月	2月
調査		
考案		
検討		

予定を決める際のコツ

ゆとりを持つ

予定は、自分だけでなく**相手先の都合**も考慮に入れて決定する。予期せぬ事態が起こる可能性もあるため、**余裕を持って計画しておく**

重要度の高い予定から決める

「この日までになければならない」「相手先と日程調整済み」といった**重要な予定を先に埋め**、ほかはそこから逆算したり、空いた日を選ぶ

> どう実行されるかわからない企画は**採用されにくい**。
> 現時点では決められなくとも、**仮の予定を書いておく**

Point

☑ 「いつ・何を行うのか」という**予定は必須**
☑ 予定の記載は独立させて見やすく
☑ 下準備や後工程の予定を入れ忘れない

A4の1枚企画書の書き方：コスト

● 確定していなくても概算は入れる

　予算とは端的にいえば提案実行にかかる費用、つまりコスト（支出）を計算したものです。企画書は企業などの売上をアップするための提案ですが、コストがかかるため、実行して得られる**利益とコストが見合う**必要があります。採用判断の最も大きな要素となるため、予算が記載されていない企画書は、採用判断ができません。詳細が確定していない場合でも、おおよその予測で概算を入れ込みましょう。

● コストは予定と照らし合わせて確認

　コストの算出は、予定に記されている工程を確認しながら算出します。どれくらいかかるかは、部署や先輩が実施した**過去の企画などを参考**にするか、実際に行うときに依頼する外注先などに**見積もりを依頼**して把握するのが一般的です。予定に下準備や後工程がないときは後から費用が必要になって利益が減ってしまうため注意が必要です。

● 予算によっては課題解決の方法も見直す

　課題の解決方法として最適でも、コストが膨大になって提案先の利益が少なくなってしまう場合があります。それでもよいと判断するかは相手次第ですが、相手にとっても**利益の大きさは重要な判断基準**です。そのため、最善の方法ではなくても、利益が多くなる方法を提案したほうがいいこともあります。相手が「やりたい」と思う方法がどちらなのかを判断して、最終的な提案内容を決めていきましょう。

費用の書き方例

文章中に記載する場合

費用
1. 講師謝礼　　　　　　100,000 円
2. 会場費　　　　　　　150,000 円
3. テキスト購入費　　　200,000 円
　　　　　　　計 450,000 円

表にまとめる場合

項目	単価	数量	金額
講師謝礼		一式	￥100,000
会場費		一式	￥150,000
テキスト購入費	1,000	200	￥200,000
合計			￥450,000

予算を書くときの 3 つのポイント

-1- 予算は明確に

一目でわかるように工夫し、内訳まで具体的に書く。信頼性を高める効果も

-2- 予算の根拠を示す

その金額になる理由を書く。ブラッシュアップの際に変更させることが多い項目

-3- 予算の効果を示す

読み手が一番知りたい項目。コストより高ければ採用の決め手になる確率も高い

Point
☑ 予定を確認しながらコストを算出
☑ 下準備や後工程の漏れに注意！
☑ 利益の大きさにより提案を見直すことも

A4 の1枚企画書の実例①

● 社内向け A4 の 1 枚企画書の書き方

　企画書のつくり方は、事例から多くのことが学べます。右ページは社内向けに書かれた新商品の開発企画書ですが、**まず目に入るのがタイトル**です。文字の大きさや太さで最も目立つようにするだけではなく、内容がわかりやすくて読む人が興味を持てるようにタイトルを付けます。タイトルが長くなりすぎる場合は、サブタイトルで補足します。日付や提出者名も忘れずに**提出前に**確認しましょう。

● 初めは基本構成に忠実に

　企画書づくりに慣れていないうちは、**基本の4要素（背景・目的・戦略・実施計画）に沿って書く**ことを意識しましょう。A4 の 1 枚企画書ではこれらを簡潔にまとめていくだけで完成します。「背景」では、現状の問題や強みを明確にします。**箇条書きにすると簡潔に短くまとまります**。「目的」も一行で「何のための企画書なのか」がパッとわかるように簡潔に表します。

● 「戦略」と「実施計画」は企画書・提案書の核

「戦略」部分は、**「ターゲット・コンセプト・エリア・期間・（宣伝などの）主な手段・予算」**の項目を順に埋めていきます。「実施計画」はそれぞれの項目で「何をするか」を示したもの。必要なものや、誰の協力を得るのかなどをシミュレーションして、**できるだけ具体的に**書きましょう。どんな企画でもスケジュールと予算は必ず必要です。

社内向け企画例（基本構成）

❶ 202X 年○月○日

❸ AI による心地よい睡眠サポートを実現する

❷ "快眠 AI（アイ）マスク" 開発企画 ❹

企画部 ○○ ○○

❺ 1　背景
- ●入眠サポート飲料のヒットからも睡眠サポートは大きなニーズが見込める
- ●デジタルデバイスによる眼精疲労は睡眠にも悪影響を及ぼす
- ●使い捨てアイマスクは持続時間と耐久性の問題があり、売上は低調
- ●自社製品「快眠まくら」開発時の入眠メカニズム研究のノウハウを活かせる

❻ 2　目的
睡眠グッズ製品のトップシェアを獲得、顧客満足度の向上

❼ 3　戦略
ターゲット：AI 搭載家電に抵抗の少ない、入眠時に悩みがある 20 ～ 50 代男女
コンセプト：AI があなたの快適な眠りを診断・サポートしてくれる
エ リ ア：全国に展開。睡眠への関心が特に高い都心での宣伝に力を入れる
期　　間：202X 年○月販売開始
主な手段：人気インフルエンサー（SNS、ブログ）に使用後のレビュー依頼
予　　算：600 万円

❽ 4　実施計画
1）開発方法
　自社内に開発チームを発足。○○大学教授・○○氏（睡眠医学）、○○大学
　○○研究グループ（AI 技術開発）監修のもと、開発を行う
2）スケジュール
　202X 年 6 月：開発チーム発足　→　202X 年 12 月：試作品完成 →
　202X 年 1 月：モニター調査　→　202X 年 7 月：販売開始
3）販売方法／価格
　全国小売店で販売。自社通販も行う。　販売価格：3,9800 円
4）費用
　開発費（市場調査、試作、AI 学習）　　300 万円
　監修依頼費用　　　　　　　　　　　　100 万円
　データ収集・分析用ハード費　　　　　100 万円
　モニター調査費用　　　　　　　　　　 30 万円
　広告費用　　　　　　　　　　　　　　 70 万円　　　　　　　計 600 万円

---

❶日付	：提出日を記載	❷タイトル	：簡潔に目立たせる
❸サブタイトル	：内容の補足	❹提出者名	：所属も忘れずに
❺背景	：現状分析、課題	❻目的	：1 行で簡潔に
❼戦略	：6 つの必須項目	❽実施計画	：詳細を具体的に

Point
☑ A4 の 1 枚企画書はとにかく簡潔に
☑ まずは基本の 4 要素に沿って書く
☑ 必要な要素を埋めていくと完成する

A4 の1枚企画書の実例②

● 社外向けの A4 企画書の書き方

　スピード重視の場合、社外向けでも A4 企画書を提出ことがあります。社外への提出では**ヘッダー（文書の先頭）**に提出先の社名と自社名を書きます。このとき、基本は会社名のみで問題ありませんが、**提出先への敬語表現の「御中」**を忘れないようにしましょう。

● 慣れてきたら基本の4要素をアレンジ

　右ページの例の A4 の１枚企画書では「**提案の前提・企画の基本方針・企画提案**」という項目名ですが、基本の４要素（背景・目的・戦略・実施計画）を無視しているわけではありません。「提案の前提」で背景と目的、戦略の要素を入れ、「企画の基本方針」で戦略のターゲットやコンセプトを示しています。必要な要素が入っていれば、企画の提案先や内容、書きやすさに応じて**アレンジしても構わないのです。**

● 添付資料も有効活用

　右の企画書例では、企画内容ごとに「企画提案」という項目を立て、それぞれ概要や実施計画を説明しています。この書き方は**提案が複数あるときに有効**。提案ごとに区切られているため、相手が考えを切り替えやすいのです。提案内容が多くて A4 に収まらない場合は、２枚目を使うこともあります。読みやすければいいですが、**予算やスケジュールなどを細かく**書いてボリュームが増えるのは NG。詳細が必要な場合は**添付資料**という形で別に準備するほうがよいでしょう。

社外向け企画例（基本構成の応用）

❶ ○○株式会社御中

❷ 株式会社○○
202X 年○月○日

❸ 劇場版『○○○○』コラボキャンペーン
❹ ―主人公★★になれる！？特別三大企画―

❺【提案の前提】
・『○○○○』は主人公★★の成長を描いた作品。作中に貴ブランドを着用している描写がある。そこで、202X 年○月の劇場版公開のタイミングでコラボ商品販売を行う企画を実施
・ブランドイメージの強化、作品ファンの顧客化を図る
・実施期間は公開日から 1 か月間、予算総額は 300 万円とする

❻【企画の基本方針】
・作品の主人公に貴ブランドのコラボ商品を着用させ、現実でも買えるアイテムとして販売する
・性別や年齢にかかわらず着用できるデザイン、サイズ展開を行う

❼ 企画提案①
1．概要：主人公が作中で着ている服をコラボ商品としてデザインし、販売する
2．実施方法：当社デザイナーがデザインを作成し、作中で完全再現する
　ラインナップは帽子、パーカー、トートバッグ（価格未定）

企画提案②
1．概要：映画の半券を持参した人に特別プレゼント（コラボ特製キーホルダー）
2．実施方法：店舗でコラボ商品含む商品 5,000 円以上を購入し、当日の映画の半券をレジで提示した人に、★★が作中で所持している特製キーホルダーをプレゼントする（全 5 種ランダム）。なくなり次第終了。条件を満たせば期間内に何度でも受取可能とする

企画提案③
1．概要：コラボ帽子を被ってパネルと記念撮影し、SNS に投稿した人のなかから抽選でオリジナルグッズをプレゼントする企画（公開開始から 1 か月間限定）
2．実施方法：店舗に設置された登場キャラクターの等身大パネルとコラボ商品の帽子を被って撮影できるスポットを用意。撮影した写真にハッシュタグ「＃劇場版○○○○コラボ」をつけて SNS に投稿した人のなかから 100 名にオリジナルクリアファイルをプレゼントする

❽ ※スケジュール、実施費用は添付資料参照

❶提出先 ：会社名＋御中		❷自社名：提出先より下に置く	
❸タイトル ：内容を一言で		❹サブタイトル：内容の補足	
❺提案の前提：背景や目的		❻企画の基本方針：企画の方向性	
❼企画提案 ：具体的な内容		❽補足資料：詳細な説明はここで	

Point

☑ 社外向けでは敬語表現を忘れないように
☑ 慣れてきたら基本を踏まえてアレンジも OK
☑ 必要に応じて添付資料も使いこなす

企画書・提案書づくりも
TPO を意識する

　どんなに優れた企画書でも、TPO をわきまえていなければ採用されないどころか、相手に悪いイメージを与え、今後の関係に悪影響を及ぼす可能性もあります。一般的な TPO は Time(時間)、Place(場所)、Occasion(場面)ですが、企画書づくりの TPO は、時間＝提案のタイミング、場所＝どんな場所・相手、場面＝どのような事情があるケース、と置き換えて考えましょう。

　硬いテーマでくだけた表現を使うとテーマの理解について不安を抱かせたり、反対に斬新さが求められる企画で定型通りの内容だとつまらなく思われたりします。公官庁など、独自ルールが存在する場合もあり、タイミングや相手、ケースは千差万別。相手によって異なる背景を想像してつくることを意識しましょう。

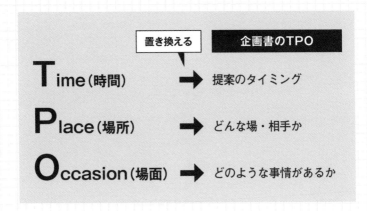

置き換える　　　　企画書のTPO

Time(時間) ➡ 提案のタイミング

Place(場所) ➡ どんな場・相手か

Occasion(場面) ➡ どのような事情があるか

第 5 章

\ きれいなビジュアルで一目置かれる!? /

パワポ企画書の つくり方

企画書・提案書は書いて提出するだけではあり
ません。ときには、プレゼンを求められること
もあります。そのような場合はプレゼンに適し
たパワポで企画書・提案書を作成するのがよい
でしょう。この章で企画書・提案書をパワポで
作成する基本を学びましょう。

パワポ企画書が
適しているもの

● パワポ企画書のメリット

A4の1枚企画書に対してパワポ企画書が勝っているのは、情報量の多さからくる **「しっかりとしたものだろう」という信頼感** です。プレゼンがある場合はさらに効果的でしょう。また、手元に配られた場合は、A4の1枚企画書にはない「ページをめくる」という体験によって、記憶に残りやすいという点もメリットです。5章ではこのようなメリットのあるパワポ企画書の書き方を紹介します。この章で紹介するパワポ企画書の書き方は、もちろん提案書でも利用できます。

パワポ企画書のメリット・デメリット

パワポ企画書		A4の1枚企画書
メリット	デメリット	
テンプレートを使用し読みやすい企画書が作成できる	定番デザインを使うと他の企画書と差別化しにくい	フォーマットから考えなくてはいけない
図やグラフを挿入しやすい	図やグラフが多くなると見づらくなる	図やグラフはエクセルからなど図表をつくる機能がない
文章が少なくても図やグラフが入っていれば理解してもらいやすい	図やグラフが目立ちすぎて文章をしっかり読んでもらえない可能性がある	図やグラフの使用は前提にしていないので、文章力が求められる
スライドの移動や追加・削除がしやすい	機能が豊富だが、使いすぎるとわかりにくくなる	パワポより視覚に訴える機能が少ない

• 企画書は起承転結にしない

　パワポ企画書では、**複数枚でも長さを感じさせない**ことが大切です。どんな仕事をするにもスピードが求められる現代において、「時間の浪費」という印象を抱かせるのはNG。そのため、「起・承・転・結」ではなく、「序論・本論・結論」の3部構成にしましょう。

• パワポ企画書はストーリーを意識する

　3部構成のうち、序論は相手の興味を引く導入、本論は詳細な解説とやるべきことなどの説明といった核となる部分、結論は企画実行で実現する成功イメージの解説や添付資料といった最後のダメ押し、のようなイメージで全体構成を考えましょう。複数枚あるパワポ企画書では、**読み手を飽きさせないストーリーが大事**なのです。

パワポ企画書は「序・本・結」の3部構成で

パワポ企画書はわかりやすく、簡潔にまとまる「序・本・結」が基本！

序論　▶　本論　▶　結論

相手の興味や関心を引き出す部分。表紙や目次などが該当する

企画の目的や内容を伝える部分。背景や目的などが該当する

相手に何を求めているかを伝える部分。予定や予算などもここに該当

Point 👆
- ☑ パワポ企画書は「序論・本論・結論」で構成する
- ☑ パワポ企画書ではスピード感が必要
- ☑ 導入・本編・ダメ押しのストーリーが大事

表紙は企画書の " 顔 "

● 魅力的な表紙で相手の心をつかむ

　パワポ企画書で、クライアントや上司が**まず目にするのが表紙**です。表紙はその企画書の顔であり、「面白そうだ」「読んでみたい」と思わせることが採用への第一歩です。表紙は「序論」の一部であり、ページをめくる前から導入は始まっていると考えましょう。そのため、読みやすく、デザインも魅力的なものにすることが大事です。

● 基本的な表紙の書き方

　A4 の 1 枚企画書と異なり、表紙が必要になるパワポ企画書では**入れておくべき必須項目**があります。それが**タイトル、提出先名、提出者名、日付**です。タイトル (サブタイトル含め) は目立つように大きく、提出先の企業名はタイトルの次に大きくします。社名のみの場合は「御中」、提出先が個人宛の場合は役職名と相手の名前に「様」をつけます。提出先の会社名は「(株)」などと略さずに、正式に記載します。日付が元号の場合も、令和を「R」と略すのは NG です。

● 基本のレイアウトは大きく分けて2つ

　パワポ企画書の表紙の場合、よく使われる基本レイアウトが2つあります。**タイトルを「中央」「左寄せ」のどちらか**に配置するというものです。どちらも文字を大きくしたタイトルが目に付きやすく、納得感や安定感を与えることができます。写真やイラストは、タイトルの印象を弱めてしまうので使わないほうが無難です。

社内・社外向けの表紙例

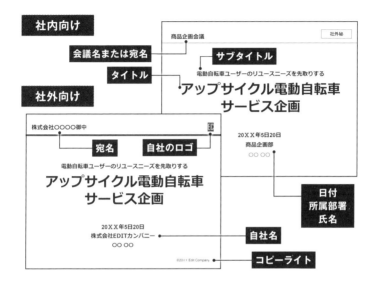

宛名	「○○会社御中」などと宛名を入れる
ロゴ	会社名のイメージを視覚的に残しやすいので入れる
タイトル	最も大きな字で企画のタイトルを入れる
サブタイトル	タイトルより小さな字でタイトルを補足する内容を入れる
日付	提出日を入れる
自社名	社外向け企画書の場合に入れる。社内向けの場合は自分の所属部署を入れる
氏名	自分の名前をフルネームで入れる
コピーライト	企画書の所有権を示すため社外向け企画書に入れる

Point
☑ 「面白そう」と思わせる工夫を
☑ 表紙には掲載必須の項目がある
☑ タイトルは中央または左寄せに

タイトルと
サブタイトルの関係

● 第一印象はタイトルで決まる

　タイトルは、読んだ人の興味を引き、しかも**一目で内容がわかる**ものにすることが大切です。読み手にその答えを知りたいと思わせるような疑問形にするのも1つの手法です。タイトルは相手の興味を引く第一歩なので、ここで失敗するといくら中身がよくても採用されるのが難しくなります。多くの人が集中している冒頭で興味を引けるかが、企画が採用されるかどうかの最初の分岐点になります。

● クライアントの興味を引くための工夫

「○○の企画書」「○○の提案書」など、内容がわかるものであっても、失敗しないための無難なタイトルでは相手の興味を強く引くことはできません。奇抜さや面白さではなく興味を引くために、「売上30%UPのための○○企画書」など数字を入れると、相手の納得感を得ることができます。また、誰もが知る話題のキーワードなどを盛り込むのも興味を引く方法の1つです。

● タイトルに入りきらない情報はサブタイトルで

　タイトルに興味を引くキャッチフレーズを入れた場合、タイトルが長くなって文字を小さくするのでは本末転倒です。そういった場合は、タイトルを短めにして、サブタイトルに数字やキャッチフレーズを使いましょう。サブタイトルは**タイトルを補助する**ものなので、タイトルとセットで読めるように文字サイズも大きめにします。

タイトルで興味を持たせるテクニック例

流行りの 言葉を入れる	「テレワークを楽にする」「コロナ禍でも売上が上がる」など流行りの言葉を入れる
具体的な 数字を入れる	「○○で売上 10 倍」「残業時間が 30 分減った」など具体的で説得力のある数字を入れる
答えを知りたくなる タイトルにする	「テレワークで**売上倍増の理由**」など相手が答えを知りたい内容を見出しにする
真逆の言葉を 組み合わせる	「営業成績最下位社員が**トップセールス**になった研修」など真逆の要素を組み合わせる
客観的な 評価を入れる	「○○社顧客満足度調査第1位！○○システム」など権威ある客観的な根拠を入れる

他にも認知と認知の間に不一致を感じさせる「**認知的不協和音**」や「**専門用語をあえて使う**」などのテクニックがある。提案先との関係性を考え使い分けるのがよい

サブタイトルの効果

サブタイトルを設定することで期待できる効果としては、**タイトルの補足と企画の全容を一目で理解させやすくする**ことがある

5W1Hを入れる

具体的な数字や方法などをタイトルに入れると**タイトルが長くなりすぎてしまう**場合におすすめ。この付け方は、**サブタイトルの2つの効果を同時に満たす**ことができる

印象的な言葉を入れる

印象に残る言葉をタイトルに入れるのは、提案先との関係にもよるが、**遊び心がほしい**と考える場合におすすめ。強調したい言葉を「　」でくくるとより強調される

Point

☑ **一目で内容がわかるタイトルをつける**
☑ **冒頭で相手の興味を引くのが成功のカギ**
☑ 長くなる場合は**サブタイトルを利用する**

クライアントの
興味を引くためには

● タイトルにも実は原理原則がある

　企画書のタイトルは「**できるだけシンプルに短く**する」というのが基本とされています。それは、文字が多くなりすぎると一度でタイトル全部を認識することはできないからです。人の視界でパッと認識できるのは左右 15 度程度ですが、文字数の場合は 15 文字程度といわれています。一目でタイトルを把握するためには、15 文字程度、多くても 20 文字程度でなければ難しくなるのです。

● タイトルにクライアントの社名などを入れる

　タイトル自体は平凡でも、クライアントの社名や商品名を入れることで企画書に引き込むという手もあります。**相手の会社や商品の名前をタイトルに入れ込む**と、相手に「自分ごと」だと強く認識させます。そうやって自分たちの問題点や課題点を解決する企画書であると意識させると「続きを読みたい」と思わせられます。

● 数字は相手の心を揺さぶる

　タイトルに数字を使うのは説得力を持たせるだけではなく、**疑問を持たせることにも有効**です。例えばサブタイトルに「売上 20％増を達成する」と数字が入っていると「20％増」というインパクトを与えますが、なかには「どうやって？」という疑問を抱く人もいます。そうやって疑問を持つと、「理由を知りたい」「続きを読みたい」という気持ちにさせることができるのです。

クライアントに興味を持たせる8大法則

少ない労力で可能だと訴える	「簡単に売上倍増」など簡単にできることを訴えると提案先の興味を引き出せる
課題を提示し相手に気づかせる	「まだ、無駄遣いを続けるの?」など提案先の課題を取り上げ問題意識を持たせる
損してるかもと思わせる	「100社が○○導入で売上倍増」など企画を実施しないことで損しているのではという気持ちにさせる
実例を挙げる	「A社では××が改善」など第三者の実例を紹介する見出しで関心を引き出す
消費者視点の言葉を使う	「顧客は○○を求めている」提案先に訴えるのではなく、提案先の顧客視点で訴える
タイトルでストーリを語る	あえて、タイトルや見出しを**長文**にし**ストーリー性**を持たせ、本文への興味を誘う
具体的な数字を入れる	「継続率99.8%の秘訣」など具体的な数字を入れ、提案先の関心を引き出す
認知的不協和音を入れる	「研修0時間で最新システムをマスター」などすでに紹介している認知的不協和音を取り入れる

この法則は、タイトルだけでなく**小見出し**や**ポイント紹介**にも使える

タイトルに使えるキーワード例

最先端のイメージを与えるキーワード	最先端・最前線・変革・挑戦・革命・破壊・未来
他社と差別化ができるキーワード	課題を解決・コスト削減・結果が出る・効率UP・落とし穴
企画に付加価値を与えるキーワード	再生・復活・生き残る・限界・脱・使える・いつでも

Point

☑ タイトルは一目で読める **15〜20文字**程度に
☑ クライアントの社名や商品名で引き込む
☑ 数字には疑問を抱かせる効果も

タイトルで失敗しないためには

● タイトルには現実味を持たせる

タイトルで興味を引くことが大切だとはいえ、**タイトルでは実現可能なことを表現**していなくてはいけません。そもそもタイトルは、企画書の提案を実行することで成功するイメージを伝えるための第一歩です。奇抜さや実現できなさそうなことで目を引いても、中身が伴わなければ信頼を損ねてしまいます。「売上増」「コスト削減」「成功する集客法」など、具体的で実現可能な言葉選びを心がけましょう。

● イメージだけでは失敗する

相手の興味を引くために「イメージ先行」のタイトルにするのは、企画書では NG。「1 年で業界 No. 1」など根拠や実現性がないタイトルや、写真や芸能人を使ってイメージを付け加えたりするイメージ先行のタイトルは、一目で内容がわかるとはいえないからです。人の想像力はそれぞれのため、誤った第一印象を与えると「だまされた」「思ったよりもよくない」という**マイナスの印象を残して**しまいます。

● ときにはあえて長いタイトルで

タイトルは短くするのが基本ですが、「企画のよさを伝えるために、どうしても長くなってしまう」という場合には、**あえて長いタイトルで提案する**のも 1 つの手です。基本と異なるという意味で相手を驚かせたとしても、企画の内容が正しく伝わるほうが、無理に短くして言葉足らずになって興味を引けないよりもずっとよいからです。

表紙タイトルの見せ方

表紙はタイトルが主役。表紙でタイトルが目立たないと企画自体に興味を持ってもらえない可能性がある

作成手順①
必須要素を準備する

表紙の必須要素は**タイトル、提案者の名前と所属、日付、宛名**

作成手順②
必須要素を入れ込む

右下は最も目に留まらないため**右寄せはNG**。要素が少ない場合は中央がきれいに見えるが、要素が多い場合は**左寄せ**にすると見やすい

作成手順③
ジャンプ率を考える

ジャンプ率とは文字や画像の比率のこと。すべて同じ比率だと、何が大切か伝わりにくい。タイトルを大きくしたり色を付けるのも効果的

作成手順④
背景を設定する

タイトルスライドを印象付ける最も簡単な方法が背景の設定。背景は、企画のイメージに合うもの、次ページ以降のデザインと比べて違和感がないもの、文字が読みにくくならないものにする

Point
- ☑ タイトルは実現可能なことを表現するもの
- ☑ イメージ先行のタイトルは**マイナス効果**に
- ☑ 必要ならあえて**長いタイトル**でも OK

「序論」の導入で
相手を引き込む

● 何のための企画書なのかを伝える

　表紙をめくった次は、**戦略を伝える**ページです。提案前の打ち合わせでつかんだ課題や問題、情報収集で見つけた解決策を明らかにしていきます。いわば、企画書の概要であり、本の「はじめに」にあたるページです。何のための企画書なのかを最初に提示することで、相手の心の準備が整っていきます。

● "お客様の声"を入れてもいい

　課題や問題に対する**"お客様の声"をここで紹介する**というのも、1つの方法です。相手の企業も独自に収集しているケースもありますが、新しい意見を常に求めているので問題ありません。お客様の声を集約してニーズを明確化したり、自分や身の回りの人の意見を付け加えることなどは相手に響くよい方法です。

● 「はじめに」で相手に思い入れを伝える

　パワポ企画書の場合、書籍のように「はじめに」というタイトルをつけなくても、「相手の課題を解決したい」「こんな問題があって、解決するためにはこんな戦略が必要」という企画制作者の思い入れが伝われば十分です。ただし、感情的な内容だけでは相手の心を動かすことはできません。正確な分析でつかんだ相手の課題の本質的な問題点や、論理的な解決方法である戦略の提示の**両方がそろってはじめて**、相手の「やる気」に火をつけられるのです。

「はじめに」の3つの基本パターン

「はじめに」はページ数が多い企画書ほど重要。最初に興味を引き出し、最後まで相手の**集中力**を持続させる

概要を 伝える	「はじめに」で企画の全体像がわかるようにする。特にアピールしたい内容を書くと相手の印象に残りやすい
熱意を 伝える	企画に対しての熱意を伝え、相手の共感を引き出して企画書を読んでもらう。一方的な熱意ではなく相手の共感を得られるように意識する
ストーリー を伝える	ストーリー性を持たせ、企画内容をイメージさせる。「○○といった体験から生まれた企画」など自分の経験を伝えると共感してもらいやすい

差をつける「はじめに」のテクニック

挨拶を
あえて
入れない

感謝の言葉や挨拶を入れず、別紙で用意する。挨拶は**直筆**で書くとより印象に残り、熱意も伝わりやすい

「はじめに」
を
言い換える

「**序章**」「**プロローグ**」と言い換えたり、**見出し**を付ける。見出しを入れると伝えたいことが明確になる

認知させる
工夫を
する

文字だけではなく**強調表現や図**、**イラスト**を入れるなど、最初に伝えたいことを認知させる工夫が必要

Point

☑「はじめに」で最初に戦略を伝える
☑ "**お客様の声**" で相手の心を揺さぶる
☑ 思い入れと冷静な戦略の両方を提示

「本論」はわかりやすさを 意識して展開する

• わかりやすさとテンポを意識して書き起こす

本論は、序論で紹介した課題や問題の具体的な解決方法を紹介していくブロックとなります。企画書の準備をしている時点ですでに解決策をまとめているので、ここでは内容を**よりわかりやすく、より具体的に、さらにテンポよく**クライアントに紹介していくことを考えます。あらためて全体像を伝え、企画の内容、問題や課題を解決するための具体的な内容、計画を順番に紹介していくだけです。

• 企画書の主役は文章

パワポにはアニメーション、音楽などの演出機能もありますが、企画書の主役は文章です。そのため、必要以上に機能を使うことはありません。大切なのは**歯切れよく、わかりやすい文章**で説明を進めること。上手に見せようとして文学的な表現を使っても理解されなければ意味がないので、理解しやすい表現を心がけましょう。

• 文章を図表にできるか確認

本論の内容を確認するには、図表にしてみるのがおすすめです。わかりやすい内容になっていれば、簡単に図にすることができます。その際、関係性を示すのに適しているのが、コンセプトマップという概念と概念の関係性を表現した図です。右ページの例を参考に本論の各項目の関係性を図解してみましょう。**うまく落とし込めない場合は本論に矛盾がある**ということ。内容を見直す必要があります。

リズムをつくって途中で飽きさせない

本論は「序・本・結」のなかで一番長い部分。本論の説明ブロックもさらに「序・本・結」に分け、テンポよく読めるように工夫する

本論の展開例

序論 ▶▶▶ **本論** ▶▶▶ **結論**

本論の全体像を紹介。課題や原因、解決法などを一目でわかるようにまとめる。コンセプトマップを用いるのがおすすめ

示された全体像の課題や原因、解決法の細かい部分を図やグラフなどを用いて解説し、具体的な解決方法や予算などを紹介

本論で伝えたことを結論としてまとめる。企画本来の目的以外にも期待できる効果がある場合は補足としてここで紹介する

コンセプトマップの例

コンセプトマップとは、**概念と概念の関係性**を表現した図。コンセプトマップを使えば企画の目的や概念を簡潔に図で表現できる

例：顧客満足度向上に
必要な施策

環境に配慮した活動
高品質な製品
丁寧な接客
**顧客満足度
向上**

Point 👆
☑ わかりやすさとテンポのよさが大事
☑ パワポ企画書で大切なのは**文章力**
☑ わかりやすいかは**図解できるか**で判別できる

伝わる文章の書き方

● 平易な言葉と例え話を上手に使う

　相手が理解しやすいように、わかりやすい言い回しや単語を使いましょう。ただし、漢字、ひらがな、カタカナのバランスが悪いと逆に、読みにくい文章になってしまうこともあるので注意しましょう。また、**適切な例え**は相手の理解を深め、共感を得ることが可能です。初めて出てくる難しい言葉や新しい言葉の前に**簡単な説明**を入れるといった、ちょっとした気遣いで相手の読みやすさは高まります。

● 長くても必要な情報なら読んでもらえる

　文章はわかりやすく、そして短くするのが読みやすさの基本ですが、**多ければ多いほどいいのが情報**です。スペースに余裕があるパワポ企画書の場合は、メインの情報を大きく記し、補足情報は文字サイズを小さくしたり、スペースを空けて別モノとわかるようにすると、相手は「補足情報だな」と理解したうえで読み込んでくれます。

● 写真や表図を効果的に使う

　パワポ企画書の場合、文章の代わりに図表を使うこともよくありますが、「文章を分解して図表にする」という意識で作成すると、わかりやすくできます。その際に大切なのが、文章でいう「接続詞」である図表のパターンを正しく使うこと。「〜だから〜となる」や「〜ですが一方で〜」など、文章を図表にした場合は作成した**図表を文章として読み上げ**、おかしくないかをチェックしましょう。

漢字とひらがなの割合は3：7

漢字が多いと**硬い印象**を、少ないと**文章に締まりがなく幼稚な印象**を与える可能性がある。読みにくいので**カタカナは1割**までにする

漢字
2〜3割

ひらがな
7割

カタカナ
1割未満

ビジュアルを効果的に使う

ビジュアルを使うことで期待できる主な効果は下の4点

| 読みやすくなる | 興味を引き出す | 理解しやすくなる | 記憶に残る |

ビジュアルごとの適した使い方

数値の推移や
大小を表すとき

グラフ

イメージや景色を
伝えるとき

写真

立体物や構造を
表現するとき

イラスト

Point

☑ **例えや簡単な説明が理解を助ける**
☑ **補足情報の盛り込み方にも注意する**
☑ **文章を分解して図表にする**

文章を書く際の注意点&コツ

• 文章を書く際の7つの注意点

　企画書はたくさんの人に読まれるため、誰が読んでも「読みやすい」と思うような文章でなければなりません。ただし、難しく考えるのではなく、次の7つを意識するだけで構いません。

① 1つずつの文章は短くする

② 難しい言葉をなるべく使わない

③ 推測ではなく言い切る

④ 必要以上に漢字を使わない

⑤ 主語をはっきりさせる

⑥ 結論から述べる

⑦ 「です・ます」「だ・である」を統一する

• 7つの注意点で気を付けること

　それぞれの注意点の補足としては、次のようなものがあります。②は、社長や役員など**担当部署以外の人が読む**可能性があるので、特に専門用語などは、わかりやすい言葉に置き換えましょう。③の推測は「〜と思う」「〜のようだ」といった表現のことです。よく使ってしまいがちですが、「〜である」「〜だ」のような言い切りの形で文章が終わらないと、相手に「自信がないのか？」「個人的な意見なのか？」と**不安を抱かせてしまう**ため、企画書では避けましょう。④は、漢字ばかりだと相手に**「難しい文章」という印象**を与えてしまいます。また、漢字ばかりだと長く読んでいるうちに相手を疲れさせてしまうので、ひらがなやカタカナも併せて使いましょう。

わかりやすい文章を書くための7つの注意点

以下の7つに気を付けることで文章は**格段にわかりやすくなる**

1つずつの文章は短くする	・余分なものを削除する ・箇条書きにする
難しい言葉をなるべく使わない	・カタカナ語は日本語に言い換える ・専門用語はカッコで囲って特別な単語だとわかるようにする
推測ではなく言い切る	・憶測だと根拠がないと思われる ・入れる場合は「どこの推測か」を明記する
必要以上に漢字を使わない	・四字熟語はできるだけ避ける ・「〜が可能」→「〜ができる」などできるだけ言い換える
主語をはっきりさせる	・説明の主体が誰なのかわかるように主語を略さない
結論から述べる	・理由が長い文章は、結論を先に述べる一文にして、理由は次の文で述べる
「です・ます」「だ・である」を統一する	・本文、キャプションなどブロックごとに統一する（本文は「です・ます」調、キャプションは「だ・である」調など）

● 書き出しは最後に直すつもりで書く

　書き出し部分は特に、何を書こうか迷ってしまうものです。しかし、時間をかけて考えて書いても完璧なものになるとは限りません。続きを書いていくうちに、予定とは違うものになることがあるからです。企画書の場合、アイデアが後から出てきたり、ブラッシュアップされることが多いため、**書き出しは「まず書く」**ことが大事です。

● 長い文章を短くする6つのポイント

　わかりやすい文章の基本である**文章を短くするためのコツ**は、次の6つです。自分の書いた文章が長いと感じたら、実践してみましょう。
①削れる言葉は削る：～を立案し、実行する→～の立案・実行
②修飾語を削る：やわらかいゴムを使って→ゴムを使って
③接続詞を削る：～であり、一方でまた～→～である。一方、
④具体的に書く：沸騰寸前の熱々の湯→90℃の湯
⑤重複を省く：じめじめとした梅雨の～→梅雨の～
⑥指示語を削る：この企画の予算は～→企画の予算は～

● 使わないほうがよい言葉や表現

　①の削れる言葉の代表格が「～というような」です。これは「～である」と言い換えられます。また、1文目の文頭に「最初に」は不要です。②の修飾語も、形状や状態を説明する必要がないときにはいりません。③の接続詞も、2つの文章をつなげる必要があるかを見直しましょう。④のあいまいな表現も、具体的な数字や表現のほうがイメージが強くなるうえ、文章も簡潔になり、さらに文章に説得力を持たせることができます。⑤の重複は、「まず最初に」のように話し言葉で使いがちな表現がないか、文章を音読してチェックしましょう。⑥の指示語を削るは、文章の前後のつながりを確認し、指示語がなくても意味が通じるかどうか確認しましょう。

文章を短くするためのポイント

文章を短くするポイントは以下の**6つ**

削れる言葉は削る

- ✗ システムの最適化を**実行**すればコストは**基本的**に下がります
- ○ システムの最適化でコストは下がります

修飾語を削る

- ✗ このシステムは**誰も**が使いやすいと**評価**されています
- ○ このシステムは使いやすいです

接続詞を削る

- ✗ このシステムは使いやすいです。**なぜなら**、音声認識を装備しているからです
- ○ このシステムは使いやすいです。音声認識を装備しているからです

具体的に書く

- ✗ このシステムは**すでに数多くの**会社で導入されています
- ○ このシステムは **1025 社**で導入されています

重複を省く

- ✗ このシステムは**今の現状**で、**一番ベスト**といえる **IT 技術**を使っているので、導入した**あとで後悔**することはありません
- ○ このシステムは現状で、ベストといえる IT を使っているので、導入して後悔することはありません

指示語を削る

- ✗ このシステムを導入する。**これは**、いうのは簡単だが実現するのは難しいです
- ○ このシステムを導入する。いうのは簡単だが実現するのは難しいです

- ☑ 文章を書く際は**7つの注意点**を意識する
- ☑ 文章は**短くする**とわかりやすくなる
- ☑ 文章は**読み上げて**チェックを行う

プラスαで企画書を魅力的に

●他社や他業種での成功・導入事例を紹介する

提案するサービスを実際に導入して成功した例などがあれば、プラスαとして紹介しましょう。相手に期待をさせる効果があります。自社の手がけた例でなくても、同じ手法をとった例としての紹介でも構いません。実際の成功例は、より具体的にその企画を導入したあとのことを想像しやすくなります。具体的な例であればあるほど、相手に「自分ごと」としてイメージさせやすくなります。

●クライアントに質問して企画書に巻き込む

「序論」で興味を抱かせ、集中してもらえたとしても、集中力の持続時間は限られています。そこで「本論」の部分で再び集中してもらうのに有効なのが「巻き込む」ことです。淡々と解説を続けるのではなく、相手に質問を投げかけて考えさせましょう。単純な方法ですが、相手は質問されることで「自分ごと」になります。

●クライアントを楽しませる企画書に

楽しく明るい未来を想像するのは、誰にとっても楽しいことです。そこで企画書では、明るい未来を相手に想像させ、楽しいと思わせることが大事です。方法はとてもシンプル。「この企画なら、例えばこんなこともできます。ほかにはどんなものがあるでしょうか？」と相手に**想像できる余地を残す**だけ。すべて列挙するのではなく、「〜なども可能です」と、あえて想像を促す表現にするのもおすすめです。

事例紹介の 4 つのポイント

事例の紹介は相手に**具体的にイメージをさせる**のに効果的

タイトルに数字を入れる

「売上を2倍にした広告」など数字が入ると、興味を引き出せ、信頼度も上がる

ストーリーを持たせる

「導入の理由～導入後まで」などの時系列は、導入の事例をイメージしやすい

見出しで概要を伝える

事例紹介が長い場合は見出しで概要を伝える。内容がわかると読む側のストレスが減る

マイナス要素も伝える

失敗例と改善内容も紹介すると誠実に対応する信頼できる会社だと思われる

その後の展開を連想させる

期待値を高める

企画書はメインの目的を絞るのが原則だが、別紙に企画を実施することで**期待できる将来の展開**を紹介することもときには有効

メイン企画

「商品Aの広告企画」
▼
「商品Aで集客が増えるとBの売上もUPする？」

相手に考えさせる

あえてすべての解決法を言い切らず質問にすることで、企画を実施したあとの**行動や効果を自発的にイメージ**してもらいやすくなる

メイン企画

顧客管理のシステム導入
▼
「顧客管理システムの導入が有効か」

Point

☑ 成功事例を盛り込み期待をさせる
☑ 質問で相手を「巻き込む」
☑ あえて想像を促す表現にする

「結論」に必要なものとは

• 結論は最後のひと押しの場

　序論でクライアントの心と耳をつかみ、本論で企画の内容、問題解決の具体的な内容などを紹介したあとは、「結論」です。結論では、この企画を実行することによって何が起こるのかなど、そこまでの説明で導き出された結論を述べていきます。いわば「まとめ」なので、細かい情報は不要であり、「結果としてどんなものが得られるか」を、**最後のひと押しで伝える部分**だと考えましょう。

• 数字で説得力を持たせる

　数字は大切です。「数字は信頼できるデータだ」と認識しているのは、どんな業界業種でも同じです。そこで有効なのが、新聞や公官庁、有名な協会・団体のデータ。「○○庁○年度統計より」「○○協会調べ」など、数字を根拠（引用元）と一緒に提示することで、引用元が持つ社会的な信頼性が**企画書の信用を引き上げて**くれます。

• 資料が多くなってしまったときは

　細かい情報が多すぎるのはマイナスですが、情報の根拠がないのは信ぴょう性に疑問を抱かせせかねません。そこでパワポ企画書では、結論ブロックの**最後に添付資料を準備**します。ただ引用元を羅列するのではなく、見やすさも意識して、必要な資料には説明や解説も添えておきましょう。企画書に載せる引用元は個人のブログなどは使わず、出典元が明確な官公庁や企業が公開している情報を掲載しましょう。

結論の持つ重要な意味

企画書の最大の目的は企画を**採用してもらい実行してもらうこと**。「どうすればいいのか」が明確でないと採用されない

結論がある企画書	結論がない企画書

●月までにこれをやればいいんだな

この期間と方法ならできるから採用だ！

結局、いつまでに何をやる提案？

お金もかかるし見送りだな

ビジネスで使える便利な情報源

日経ビジネスオンライン	経済情報サイト。ユーザー同士の**意見交換機能や記事の保存機能**（有料）などの機能がある
東洋経済オンライン	経済情報サイト。教育や政治などの**経済情報以外の情報も収集できる**
TechCrunch	アメリカのニュースサイト。主に **IT 系の情報を**収集するのに役立つ
WIRED	IT やカルチャー、サイエンスなど多様な情報を扱う。情報収集のサイトを**1つに絞りたい人におすすめ**
MarkeZine	広告や Web マーケティングに関する情報を扱う。基礎的な情報も扱われているので**初心者におすすめ**
総務省統計局	総務省が提供する統計データサイト。国が提供する統計データを扱うので**情報の信頼性が高い**
e-Stat	各省庁のデータを一括で検索できるサイト。総務省統計局と同様**信頼性が高い**
矢野経済研究所	マーケティングリサーチに関する情報が収集できる。**基本は有料だが無料で閲覧できるものもある**

Point

☑ **結論は最後のひと押し**と考える
☑ **引用元の信頼性**が信用を高めてくれる
☑ 最後の添付資料にも**ひと工夫**を

レイアウトを確認しよう

● 最も大切なのは伝わりやすさ

パワポ企画書は、本論のページを数枚書いたら見直しが大切です。各ページで**最も伝えたいことが最初に目に入る**レイアウトになっているかを相手の目線になって確認しましょう。少しでも読みにくいと思ったら、余白を入れて適度な空白をつくったり、文字を見やすいサイズやフォントにしていくなど修正していきます。文字が多くて読みにくい場合は、文章を図版に置き換えることを考えましょう。

● 凝ったデザインより見やすさを優先

タイトルや小見出しやキャッチコピーなど、目立たせたいものは大きくしたり、太字にしたり、アンダーラインを引いても構いません。しかし、本文や図版の説明などは、すべて同じサイズ、フォントで統一しましょう。ページごとに文字サイズやフォントがバラバラだと、ゴチャゴチャして読みにくい印象を与えます。凝った装飾より統一感があって**読みやすいことが優先**です。

● 色を使うときのポイント

パワーポイントでは写真などを使うため、文章が負けないように色文字などを使いたくなります。しかし、色が多いと雑然として悪印象に。そのため、**色を使う場合は2・3色**、最大4色に絞ります。企業カラーが設定されている場合は、それをメインカラーにし、相性のよい色をサブカラー、強調にアクセントカラーを使うとよいでしょう。

そのほかの色使いのポイント

「配色の黄金比を意識する」（72 ページ参照）のほかにも色使いのポイントは以下のようなものがある

色相を合わせる

赤、青、黄色などの色の種類を色相といい、それぞれの色が持つイメージに合わせて使用する色を決めるとよい

赤＝前向き・熱意
青＝誠実・信頼

トーンを合わせる

トーンとは、明るさの度合いと鮮やかさの度合いのこと。トーンは 12 種類に分かれていて、同じ色でもトーンで印象が変わる

明度・低＋彩度・高＝
伝統的・落ち着いた印象

NG な強調表現

強調表現は、**「よく使う強調表現」（72 ページ参照）**と反対に、使わないほうが無難なものもあるので注意

斜体：文字を斜めにする

アルファベットなら
違和感はないが日本語は NG

企画書

平体：上下を縮める

文字がつぶれて
見えるので使わない

企画書

網掛け：枠に模様を入れる

文字が読みにくくなる
だけなので使わない

企画書

飾り枠：装飾された枠

使い古されていて
古い印象を与えてしまう

企画書

Point

☑ **適度な余白**で読みやすくする
☑ 本文などは**同じサイズ・フォント**に
☑ 色の使用は**2・3色**に抑える

納得させるためのコツ①
仮説はインパクトが大事

● 仮説を展開する前の準備

企画書には仮説が必要ですが、それには結論が不可欠です。そのため、**まず結論を書いて理由を書く**のがセオリーです。これは、結論のあとに「なぜなら○○だからです」と根拠を提示されると、納得感を得られるからです。先に理由を述べると相手が違う結論を想起して、その時点で提案が耳に入らなくなる可能性も出てきてしまいます。仮説を提示するためにはまず「結論→理由」を示し、そこから「問題提起→仮説→解決方法」の順に展開していくと覚えておきましょう。

● 仮説は相手の予想を裏切るほどいい

企画書の仮説では、情報を収集して原因を見つけ出し、「どうしてそうなっているのか」ということを相手に提示することが大事です。しかし、現状分析から簡単にわかるような分析結果を提示しても「ありきたり」と思われて、期待を抱いてもらえません。相手がハッとするような新たな発見でない場合にはもう一段掘り下げ、相手が気づいていない原因を探り当てて、それを仮説にする必要があります。

● インパクトのある仮説とは

「風が吹けば桶屋が儲かる」ということわざのように、仮説は意外であるほどインパクトが強まります。ここで大切なのは**原因を掘り下げていく過程が論理的**であること。「どんどん突き詰めていった結果、これが根本的な原因だった」と説明できるものでなくてはいけません。

どんな企画書もすべて仮説

仮説は予測にすぎないので実現できると思わせられるかが採用のポイント

A社で売上150％
UPを実現した顧客
管理システムです

なので、同様の効果が
期待できます

A社とウチは違う
から成功する保証
はない…

相手に「ウチも！」と思わせる成功例との親和性を感じさせる工夫が必要

よい仮説の3条件

珍しさや オリジナル性が ある	「差別化したら売れる」など当たり前で付加価値がない仮説は不要。常識や法則にない**新たな視点を仮説で提供すること**が大切。現状との**差別化**が図れればよい
課題や目的 から逸脱して いない	企画の課題や目的から逸脱した仮説では意味がない。**仮説は企画実現のためのもの**。斬新な仮説を立てることが目的ではないことを忘れない
成果を出す 明確な 根拠がある	仮説を実施することで、どのような成果が**得られるのか明確な根拠や具体例を提示する**。相手を動かせる説得力がなければ仮説としては不十分

Point

☑ 仮説の前に客観的に結論を述べる
☑ ありきたりな仮説ではNG
☑ 原因を論理的に掘り下げる

納得させるためのコツ②
言い切ることが重要

• 自分で導き出した"仮説"に自信を持つ

　企画書の仮説を信じるかどうかは相手次第ですが、自信がなさそうに見える「～だと思います」という表現は、相手に不安や不信感を与えるだけです。仮説は根拠を提示して説得力を付加するものですが、根拠が弱いときほど、**「こう自分は信じている」**と言い切らなくては、相手も信じてくれません。

• 企画書に謙虚さは不要

　日本では謙虚さが美学とされますが、欧米のビジネスパーソンには「意見がない」と見なされます。グローバル化した現代のビジネスでも同じで、**企画書に謙虚な仮説は求められません。**企画書で必要なのは、成功に導くための確証に満ちた"強い仮説"です。**根拠となる情報と、積み上げた分析をもとに導き出した仮説であることをしっかり**と主張しなくては採用されないと覚えておきましょう。

• 仮説は信ぴょう性が高い根拠を提示する

　仮説には、相手を納得させるだけの根拠を提示することも必要です。その根拠が客観的なデータや、信頼できる出典元であれば、説得力が増します。例えばカー用品の企画書で「若者の車離れ」というキーワードを入れる際に、「警察庁統計〇年のデータによると免許保有者は×年で×万人減っている」と数字を提示することで、**信頼性と信ぴょう性**がグッと増します。

言い切れない人の心理

言い切れないのは「間違いを恐れる心理」があるため。しかし、企画は**まだ実行していないプランにすぎず**、間違いを過度に恐れてはいけない

仮説が間違えていたらどうしよう

解決法が間違えていたらどうしよう

間違えていたせいで損をさせたら……

責任を取れといわれるのが怖い

不安からあとで言い訳ができなくなる「言い切り」をためらうのは NG

言い切りの表現への変換例

○○と思います
○○かもしれない
○○でしょう
きっと○○です

言い切り ▶

○○です
○○します

たくさんの人が○○した
ほとんど完了した

具体的に ▶

100人が○○した
80%完了した

言い切ることは重要だが**間違っていると意味がないので注意**

Point ☑ 自信を持っている姿を見せる
☑ ビジネスの提案で謙虚さはマイナス
☑ 引用先の信頼感が仮説を後押しする

納得させるためのコツ③
気遣いを込める

● 提出前から企画書を通す準備は始まっている

企画書の提出や発表の場で、企画を読んでもらう前に雰囲気が悪くなるのは避けたいもの。そのため相手への語りかけにも注意します。おすすめなのが「イエス・アンド法」。相手の主張を「イエス」で受け止め、「アンド」で自分の意見を伝える手法です。相手の主張をきちんと受け入れているので、気分を害することはありません。企画書を通すためには、**提出のときから気を遣う**ことも大切です。

● 誰もが愛社精神を持っている

ビジネスパーソンは、多かれ少なかれ愛社精神を持っています。そのため「**自社がけなされている**」と思われてしまうと、企画書の採用は遠のいてしまいます。「○○で成功しているけれど、××するとさらによくなります」など、パワポ企画書なら「はじめに」の部分で、A4の1枚企画書なら提案前の前置きの会話で、相手が気づいていないよい所をほめてあげるといいでしょう。

● ときには間接的な表現を使おう

人員整理や業績の不振など、他社の人間に**マイナスの話題に触れられる**のはつらいものです。そんなマイナスの話題へのテコ入れ企画の場合に、シンプルな言葉遣いは「たしかに事実だけど思いやりがない」と不快に思われてしまいます。そんなときは、マイルドな表現に言い換えた言葉を使うようにしましょう。

否定語を使わず良好な関係を

良好なコミュニケーションのやり方で共通するのは、**相手の意見を認めつつ、意見を伝える**という部分。企画提案のやり取りでも応用できる

> この企画、予算高いから、もう少し下げられない？

> 私も少し高いと思っているんです。なので、○○を追加しますね

> この企画、予算高いから、もう少し下げられない？

> いえ、高くないですよ。○○も追加されるので妥当な値段です

大切なのは相手の言葉を否定しないことなので「しかし」「ですが」などの否定的な接続詞にも注意する

マイナス表現には気を配る

企画の目的によっては**相手に配慮した表現**にすることも必要

リストラ

企画目的	○○課の人材削減企画
▼	
言い換え	○○課の人材の効率的な運用

業務再建

企画目的	○○事業の再建企画
▼	
言い換え	○○事業の活性化プラン

Point

- ☑ 企画書は提出の場から気を遣う
- ☑ 愛社精神をくすぐる言葉を入れる
- ☑ マイナス表現はマイルドに言い換える

パワポ企画書の実例

● 序論は仮説を効果的に見せる

パワポ企画書の序論は、表紙や背景、目的を**わかりやすさ重視**で構成します。タイトルや見出しは読みやすく短めに。背景の解説も総論、お客様の声を3段階で根拠として提示したり、目的を言葉だけでなく図表などを使うなど、**視覚的にも覚えやすく**まとめるのがポイント。説明文も、強調部分の文字に色を付けることで飽きを防げます。

パワポ企画書例（社内向け）

序論 表紙・背景の解説に続き、企画の目的をわかりやすく示す本文

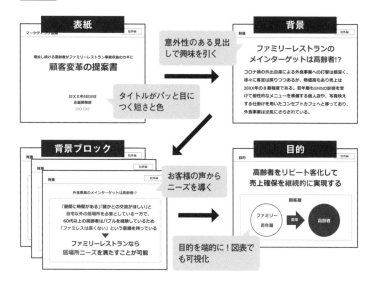

● 本論のつかみはビジュアルが有効

　本論は、序論で提示された課題に対するアンサーとして、企画を実行する方針（コンセプト）と具体的な方法を示すブロックです。このパワポ企画書では、本論の最初に強いインパクトを与えるビジュアルを使った顧客分析ページで、**集中力を高める仕掛け**を施しています。続くコンセプト提示ページは、端的な見出しから３つの課題解決法につながることを視覚的に表現。後ろに３つの解説がつながることが**直感的に理解できるレイアウト**です。

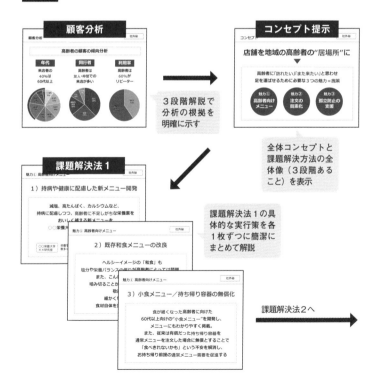

本論 顧客分析からコンセプトを割り出し、課題解決の具体案を解説

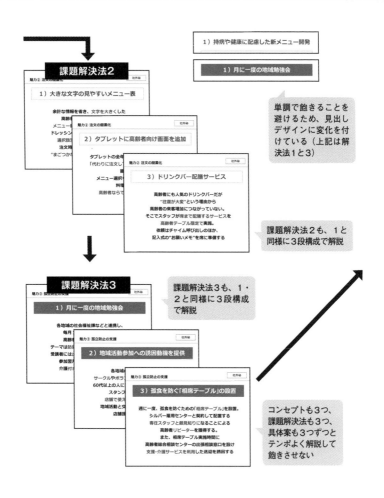

1) 持病や健康に配慮した新メニュー開発

1) 月に一度の地域勉強会

課題解決法2

1) 大きな文字の見やすいメニュー表

単調で飽きることを
避けるため、見出し
デザインに変化を付
けている（上記は解
決法1と3）

魅力② 注文の簡単化

2) タブレットに高齢者向け画面を追加

魅力② 注文の簡単化

3) ドリンクバー配膳サービス

課題解決法2も、1と
同様に3段構成で解説

課題解決法3

1) 月に一度の地域勉強会

課題解決法3も、1・
2と同様に3段構成
で解説

魅力③ 孤立防止の支援

2) 地域活動参加への誘因動機を提供

魅力③ 孤立防止の支援

3) 孤食を防ぐ「相席テーブル」の設置

コンセプトも3つ、
課題解決法も3つ、
具体案も3つずつと
テンポよく解説して
飽きさせない

• 結論は現実的な数字とダメ押し

結論は、課題解決法の具体的な方法について予算とスケジュールに落とし込み、**現実に実行することを意識させる**ことが重要です。スケジュールは前準備と実施後も記入し、予算は概算で構わないので現実的な数字を提示します。結論では改めて「どんな得があるのか」を解説し、最後に背中を押す将来のメリットでダメ押ししています。

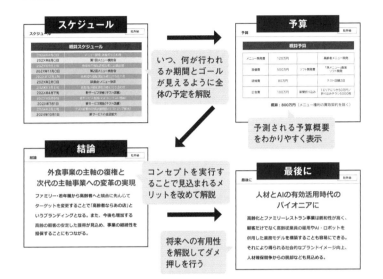

結論 課題解決法の進行・予算・結論の後、最後にダメ押しを加える

（スケジュール）

いつ、何が行われるか期間とゴールが見えるように全体の予定を解説

（予算）

予測される予算概要をわかりやすく表示

（結論）

コンセプトを実行することで見込まれるメリットを改めて解説

（最後に）

将来への有用性を解説してダメ押しを行う

● パワポ企画書は "見て" わかりやすいストーリーに

このパワポ企画書は自社のファミレス事業のマーケティング（販売促進）の例ですが、表紙と本文中の「自社」という表記を変えるだけでクライアント向けの企画書にもできます。内容はもちろんですが、**パワポ企画書は「ページを "見て" 相手が判断する」もの**なので、見やすいレイアウトや3段階構成などを使ったテンポのよさ、インパクトがあるビジュアルの企画書を1つ完成させることができれば、2回目以降は内容を書き換えるだけで済み、手間がグッと減ります。

Point
☑ 視覚的な見やすさがわかりやすさにつながる
☑ 集中力を持続させる仕掛けも意識する
☑ 現実的なイメージを持たせる数字は必須項目

企画書・提案書はつくるのが最終目的ではない

. . . .

「よい企画書・提案書を書く」ということを意識しすぎると、「書き上げること」が目的になってしまうケースがあります。しかし、企画書づくりのゴールは、完成させることではありません。企画書はあくまでも提案するためのツールであり、ビジネスで利益を生むための手段の1つ。相手の課題を解決することであなたや会社の目的である「自社の利益を生む」ことができてこそ、本当のゴールなのです。

改善案の企画書であれば問題解決を、新システム提案の企画書なら効率アップなど、どの企画書も企画が採用・実行されて、それらの目的を達成することが企画自体のゴールですが、あなたにとっては中間地点です。そう理解できれば、企画書の完成はスタート地点に並んだにすぎないということがわかるでしょう。

第 6 章

\ 企画を生み出すための方法は？ /

発想の
テクニック

6章では、企画書・提案書を書くために必要な
情報収集の方法やアイデア出しの発想法を紹介
していきます。企画書・提案書の書き方の基本に、
正確な情報と独自のアイデアが加わればワンラ
ンク上の企画書・提案書が書け、採用される可
能性が高まるでしょう。

情報をインプットする

● 情報があれば信頼性がアップする

　信頼性を持たせ、企画書・提案書に説得力を持たせるためには、日ごろからその業界についての情報を集めておくことが必要です。業界の情報を扱う団体が発信している、いわゆる "業界紙" などに目を通しておくのもよいでしょう。日頃から**アンテナを広げて情報を収集**しておくと、必要になったときにどこを探せばよいか検討を付けやすく、情報収集を素早く行うことができます。

● プライベートにも情報はあふれている

　さまざまなツールから情報を集めることも大切ですが、**"自分だけが知っている情報"** を盛り込んだ企画書・提案書は魅力がアップします。友人との会話や、街で見かける人や風景からもヒントは見つかります。また、どんな本が売れているのかがわかるので、本屋に足を運ぶのもおすすめです。目立つところに陳列されている本は「今、注目度が高い情報」なので、話題の情報を知ることができます。

● 情報は集めすぎてもいけない

　テレビや新聞、インターネットなど、情報があふれているのが現代社会です。それらを追いかけるうちに、目的が作成から情報を集めることに変わってしまう人がいます。さまざまな情報を集めることは大切ですが、**必要なものだけを分析・抽出**して、問題解決のためのヒントとしてストックしておくようにしましょう。

情報源を複数知っておく

インプットする情報に偏りが出ないように多様な情報源を利用しよう

必要な分だけ集めればよい

求められているのは情報ではなく**企画の中身**

情報を集めるには時間も労力もかかる。企画の中身の充実を優先！

Point
- ☑ 業界の動向を注視しておく
- ☑ **プライベート**にも情報はあふれている
- ☑ 情報収集は**目的ではなく、分析・抽出**のために行う

情報を集めたら
適切な取捨選択を

● 必要な情報は細かければ細かいほどいい

　企画書・提案書の目的は、問題解決の対策を提案すること。このとき、直接的に解決に結びつかない情報でも軽視してはいけません。例えば「化粧品の購買意欲が高いのは女性」といった**おおざっぱな情報ではターゲットが絞れず**、売上不振の解決策はつくれません。年齢層や居住地、さらには独身女性層、あるいは主婦層に人気なのかなど、ターゲットに紐づく細かい情報が必要になってきます。

● 企画書・提案書に必要なのは取捨選択する力

　企画書・提案書に情報や数字をただ並べるだけでは不十分。クライアントも同様に業界の動向を把握しているからです。集めた情報のどこを切り取って、解決すべき問題が何なのかを見つけ出し、どう対応するかを提示する案を出さなければなりません。大切なのは、問題解決につながる情報のみを**正しく切り取る取捨選択の力**です。

● 取捨選択だけでなく問題点や解決策を考える

　現代社会は情報収集のツールが数多くあり、情報過多の時代です。そのため、情報を追いかけつつ、常に提案や解決策を考えるクセを付けておくことが大事です。解決策は同業種だけでなく、異業種などからヒントが見つかることもあります。さまざまな業界や政治・経済の動向なども注視し、それらの情報が「何につながるのか」を考え、**問題点の発見や解決策を見つける目を養う**ことが大切なのです。

適切な取捨選択を

読み手を納得させるための情報が入っていればよい。
多すぎる情報はかえって邪魔になる

集めるべき情報の分類と内容

商品情報	**商品**や**サービス**に関する情報
マーケット情報	商品やサービスの**市場**や**流通**に関する情報
消費者情報	商品やサービスを使う**ターゲット**に関する情報
競合情報	**競合相手**に関する情報

Point 👆

☑ **細分化された情報**も取りこぼさない
☑ 情報を正しく切り取る**取捨選択の力**が大切
☑ 問題解決の方法を考える**クセを付ける**

豊かな発想力を
身に付ける方法

● どんな企画書・提案書にも光るアイデアが必須

情報収集をするだけでは、いい企画書・提案書にはなりません。集めた情報同士を組み合わせたり、根拠とともに関連付けたり、さらに**アレンジするなど加工が必要**なのです。話題になっているモノや事柄を「どうやってクライアントや自社に当てはめるか」というアイデアを生むには、発想力が必要になります。

● どんな小さなことでもメモを取る習慣を

発想力を鍛えるためにおすすめなのが、**アイデアや気になったことをメモする**ことです。その場ではひらめかなくても、見返すとアイデアが生まれることもあるので、ささいなことであってもメモしておきましょう。「メモしないと忘れてしまうなら大したアイデアではない」と思いがちですが、ゼロから考えるよりもメモを見返して続きから考えるほうが、時間を無駄にしなくて済みます。

● アイデアを発酵させる時間も大切

メモを取る習慣ができると1～2週間でそれなりの分量になるので、定期的にノートやパソコンなどに**アイデアをまとめて保存**しましょう。パソコンなら入れ替えや削除も簡単です。アイデアをまとめるときは、組み合わせたり、過去のアイデアに付け加えるなどして構いません。寝かせていたアイデアの断片が、まとめ作業をしていくうちにアイデアとして形になっていくこともあります。

豊かな発想を得るための5つのポイント

①判断延期
良し悪しの
判断は
すぐにしない

②自由奔放
固定概念に縛られ
ない奇抜な考えを
歓迎する

③大量発想
質にこだわらず
できるだけ多くの
アイデアを出す

④広角発想
さまざまな
角度から
広く発想する

⑤結合発展
自分のアイデアを
他のアイデアと
結び付けてみる

『宮城学院女子大学発達科学研究 2011/No.11』高橋誠「2010 年度 第 1 回公開講演会 発想力を鍛える」より
作成

メモを持ち歩く習慣を付ける

紙のメモのほうが記憶に残りやすいが、必要に応じて
スマートフォンのメモ機能も活用するとよい

Point

☑ 情報はアレンジなどの加工が必要
☑ アイデアをメモに残す習慣を付ける
☑ いくつものアイデアが結び付くことも

日常から離れると アイデアが湧いてくる

• いつもと違った行動をしてみる

同じ行動や同じ場所への往復などを繰り返す毎日だと、必死に机に向かっても同じようなアイデアしか浮かんできません。いつも通りの行動パターンをやめ、寄り道をしてみる、友人と会う、映画を見る、講演会に行く、など**違う行動**をしてみましょう。街を行く人やディスプレイ、看板などからアイデアのヒントを見つけたり、仕事と離れた行動をすることでアイデアが生まれることがあります。

• 普段しないことをあえてやる意味

いつもと違う行動は、ふだんの視点とは違ったモノの見え方や考え方に導いてくれます。運動やアクティビティに挑戦したり、行ったことのないところへ行ってみるのもいいでしょう。いつも通りの行動では働かない**脳が新しい刺激を受けてフル回転**し、断片だったアイデアがつながったり、まったく新しいものを生み出せたりします。

• 自分だけのひらめきの環境を見つけておく

どんな「いつもと違う行動」をしたときにアイデアが生まれてきたかを把握するのもおすすめです。散歩をしているとき、カフェでのんびりお茶を飲んでいるとき、動物と触れ合ったあと、ジムで汗を流したあとのシャワーのとき……等々、アイデアが生まれてくるパターンをつかむには、**アイデアをメモする際に「いつ、どこで」を付け加える**ようにすると、傾向が見えるようになります。

日常から離れる時間をつくる

日常から離れ、時間の流れのゆっくりとした場所に身を置くことでいつもとは異なる思考になり、普段なら思いつかないようなアイデアが浮かんでくることもある

例 喫茶店、映画、旅行、古書店、寺社仏閣、天体観測、ヨガ

自分に合うひらめきの環境を見つける

アイデアがひらめきやすい環境として有名なのが「**4B**」

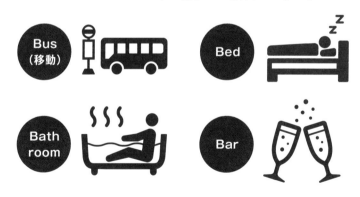

Bus（移動）

Bed

Bath room

Bar

Point
- ☑ いつもと違う行動がアイデアを生む
- ☑ 脳が新しい刺激を受けてフル回転する
- ☑ いつ、どこで思いつくか傾向をつかむ

最初は"マネ"から始めてみよう

● 先人たちの経験を自分の力に

　何かを学ぶ際は、**マネをするのが最初の一歩**です。慣れていないことは特に、上手な人がどうやっているのかをマネすることで理解が深まります。やり方は簡単です。過去に採用されたものや不採用でも自分が興味を持てたもの、読みやすいと思った企画書・提案書の文章の書き方や構成、参考資料の見せ方などの「形式」をマネするだけです。

● 過去の企画書・提案書は"宝の山"

　マネをするためにはまず、所属部署や上司、先輩が手がけた企画書・提案書を見せてもらいましょう。同じようなテーマを扱った例があれば形式だけでなく、考え方やターゲットの特徴など、**使えるアイデアが見つかる**かもしれません。ただし、文章や内容をそのまま使うのはNGです。マネして作成していくうちに、作成に慣れるとともに、企画書・提案書の作成に必要な要素や知識が身に付くでしょう。

● 慣れたら自分なりの形式を見つける

　過去の企画書・提案書の形式をマネしていくなかで、「こうしたらもっといい企画書になったのに」と思うことも増えていきます。そんな経験を積んだら、オリジナルの形式で企画書・提案書をつくってみましょう。最初はフォントや色使い、レイアウトなど、**自分なりの工夫**をした部分を増やしていきます。最終的には、全体の構成やウリの見せ方など、オリジナルの形式を確立できるとベストです。

「型」をマネして中身はマネず

あくまで**マネをするのは企画書・提案書の「型」**であり、アイデアや文章をそのまま使わない。無断で使うと**「盗作」**になり、例えば次のような弊害も起こる

信頼を失う

周りから盗作をする人物だと見なされ、社会人生活にも**多大な悪影響を**及ぼす。特に社外に提出する場合は、**今後の付き合いを絶たれる**ことにもなりかねない

企画書・提案書の不採用

当たり前だが、そのまま使うと以前とまったく同じとなり、**採用される確率は極めて低い**。ちょっとしたひねりを加えるなど、**自分なりの新しい視点を盛り込む**ことが必要

マネするうちに個性が出てくる

誰の、どの企画書・提案書をお手本にするか選んだ時点で、元の制作者の個性がすでに現れている。そこに、**自分で考えたアイデアや文章を加える**ことで自分らしさが生まれていく。まずは上司や先輩の企画書・提案書を**繰り返し読み、「型」を覚える**。型を多く知れば対応できるケースも増える

Aさん
B部長
お手本
味付
完成

Point
- ☑ まずはマネから入っていい
- ☑ 上司や先輩の過去の企画書・提案書はお宝
- ☑ 最終的には**オリジナルの形式**をつくろう

アイデアを育む思考法①
KJ法

● KJ法とは?

複雑に絡み合った問題の解決策などを、小さい情報から1つの大きな情報にまとめていくときに使う方法です。①まずは付せんなどに小さな課題や解決アイデアなどの情報を書き出します。②その付せんを関連する情報ごとにまとめ、カテゴリごとにグループをつくります。③そのなかの情報同士の関連性を見つけて整理します。この方法を使うと、**小さな情報だったものが、まとまったアイデアに**なります。

● KJ法のメリット1

小さな気づきやアイデアといった、企画書・提案書では末端になる部分からアイデアをまとめるため、複雑に絡み合った問題でも分解・整理して関係性を見直すことができる点がメリット。小さく分解されていることで、**どこに問題があるのかを可視化できる**ため、問題点や課題の解決方法を導き出しやすくなるのです。

● KJ法のメリット2

絡み合った問題に含まれている細かな課題や、その解決アイデアの可視化だけでなく、末端の小さな意見に対して対立関係になるもの・因果関係にあるものなど、問題解決の**障害になっていることを明確にできる**のもメリットです。また、個別の障害が明確なため、それに対する対応もシンプルに導き出すことができ、企画書・提案書における**根拠や結論として提示できます**。

KJ 法のやり方

① カード（付せん）に
アイデアを書き出す

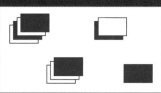

② 内容に沿ってグループ分けする
（どこにも属さないものがあってもよい）

③ グループごとの
関係性を紐づける

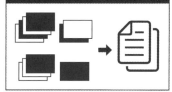

④ 文章化できる形に

KJ 法のメリット

可視化 できる	アイデアが**可視化**されることで、どこに問題があるか把握しやすくなり、解決方法を導きやすい。参加者同士での**イメージの共有**も簡単にできる
論理的に 展開できる	対立や因果などの関係性がひと目でわかるため、文章化する際も論理的に展開できる。また、読む人にとってもわかりやすい
意見が 偏らない	少数派意見と多数派意見が平等に扱われるため、**意見が一か所に偏らず**、さまざまな視点を取り入れたアイデアをつくることができる

Point

☑ どんな小さなことでも書き出してみる
☑ グループ化すると**特徴が明確になる**
☑ **論理的な解決策**として提示できる

アイデアを育む思考法②
マンダラート法

● マンダラート法とは?

アイデアを生み出すための方法の1つで、シンプルで使い勝手がよく、有効性の高い方法です。仏教の曼荼羅のようなマスに単語などを配置することから、マンダラート法と名付けられています。やり方は、問題点や主題となる**テーマを中心に据え、関連するキーワードや文章などを周囲に書いていく**というもので、複雑に絡み合った問題を整理し、解決するための考え方を導くことができます。

● マンダラート法のやり方

①3×3または、5×5の用紙を用意し、マスの中央に問題点やテーマを、その周りに関連する言葉を書き込む。②新たな用紙に①で書き込んだ関連する言葉を1つ選び、その言葉を中央に配置し、その周りに関連する言葉を書き込んでいく。③②で選ばなかった言葉で②と同じことを行う。③を複数回行い、重複する言葉が①の中央に書き込んだ問題点やテーマの重要な言葉だと考える。こうすることで、中央のマスの課題を考えるために**重要な事項やアイデアが浮かび上がる**のです。

● マンダラート法のメリット

書く内容は、中央のマスのテーマに関連していれば何でも構いません。いくつも表を付け足していく場合に**頻出するキーワードは重要な項目**です。このシートはアイデアを出すだけではなく、今日やることや、夢をかなえるためのリストとして利用することも可能です。

マンダラート法のやり方

①マスの中央に問題点やテーマを、その周りに関連する言葉を書き込む

②①で書き込んだ関連する言葉を1つ選び、その言葉を中央に配置し関連する言葉を周りに書き込む

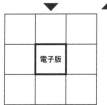

③②で選ばなかった言葉で②と同じことを複数回行う。重複する言葉が①で書き込んだ問題点やテーマの重要な言葉と考えられる

より効果を高めるためのポイント

枠をすべて埋める

思いつかないときは後回しにしてもよいが、行き詰まってから独創的なアイデアが出ることもある

できるだけ具体的に

細かく分けることで思考が整理されるため、特に展開したものは具体的に記入する

似た内容は変更する

内容が重複していると、せっかく展開しても同じような結果しか得られなくなるので変更する

Point
☑ シンプルで使い勝手がよい
☑ 重要な事項やアイデアが浮かび上がる
☑ やることリストなどにも応用できる

アイデアを育む思考法③ ロジカルツリー

● ロジカルツリーとは？

問題の発見や解決だけでなく、目標の設定など幅広い分野で使えるのがロジカルツリーです。この手法は、要素を全体的に把握するときや、原因の根本を探して**解決すべき場所を特定**することができます。フローチャートのように問題を木の形にしてテーマを掘り下げ、木が次々と枝をつけるように問題点に対する課題などを簡潔に書き出して可視化していくことで真の問題点を見つけ出すことが可能です。根本原因に行き着いたときに「これが原因だったのか！」という気付きを得られるのが特徴です。

● ロジカルツリーのやり方

やり方は、①解決したい一番の問題点を書き出します。②問題の原因を複数書き出します。③書き出した項目が内包する項目をさらに分割して書き出します。④分割する項目が**なくなるまで続けます**。

● 意識すべきポイントは？

ロジカルツリーで問題点を見つけ出す場合は、枝葉のように項目を分割していく際に「できない理由」を書いていくことで根本の原因にたどり着くことができます。一方で、解決策を見つけたい場合は「**どうしたらできるのか**」という形で枝葉に落とし込んでいくことで、解決のための第一歩として「最初に何をどうすればいいのか」にたどり着くことができます。

ロジカルツリーのやり方

①解決したい問題点を書き出す　**例：女性の管理職が少ない**
②問題の原因を複数書く　**例：社会環境、会社の体制、個人的な理由**
③②で書き出した項目が内包する原因をさらに分割する
例（会社の体制）：女性の採用率が低い、女性の離職が多い
④③以降も分割を続け、分割する項目がなくなるところが解決すべき原因

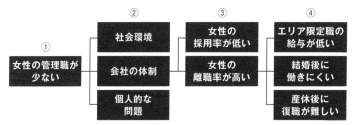

意識すべきポイント

扱う問題を明確にする	問題によって解決方法も変わってくるため、**出発点を明らかにしておく**
ツリーの種類を使い分ける	**Why（原因追求）、How（問題解決）、What（要素分解）** から目的に応じて選択する
重複や抜けに注意する	成年／未成年のように、**はい／いいえで答えられる要素ごとに分解する**とよい
分析だけで終えない	終点が**具体的な解決策**になるまで書き継いでいく

 Point

☑ テーマを掘り下げて解決策を探す方法
☑ 掘り下げる先がなくなるまで続ける
☑ 根本原因や解決の第一歩を見つけられる

アイデアを育む思考法④ オズボーンのチェックリスト

● オズボーンのチェックリストとは?

チェックリストに沿ってアイデアを出していき、既存のモノから新しいアイデアを生み出す発想法です。新しいものをつくり出すことが目的ではなく、下記の**9つの視点で見つめ直す**ことで問題や課題を解決する手法を導き出すために使われます。オリエンテーションがある場合は下記の9つの視点で考えるとよいでしょう。

● 9つの視点で問題解決の方法を探る

転用：☑他の用途で転用できるか

応用：☑マネたものや過去に似たものがあったか

変更：☑色や形など、どこか変えられるところはあるか

拡大：☑大きさや強度など、さまざまなものをより拡大できるか

縮小：☑大きさや強度など、さまざまなものをより縮小できるか

代用：☑場所・人・ものや材料などを他のもので代用できるか

置換：☑場所や材料などを他のものに置き換えられるか

逆転：☑上下左右、前後を逆にできるか

結合：☑合体や組み合わせることができるか

また、これ以外にもチェックリストとして活用できる項目があります。例えば「7つの経営資源」の「ヒト、モノ、カネ、情報、知的財産、時間、ブランド」や、「改善（ECRS）の4原則」の「Eliminate（排除）、Combine（結合と分離）、Rearrange（代替）、Simplify（簡素化）」など、企画の内容に合わせて役立てましょう。

身近にある！チェックリスト活用例

転用	廃校の校舎を**転用**した水族館
応用	カワセミのくちばしを**応用**した新幹線の先頭車両
変更	「缶入り煎茶」の名前を「お～いお茶」に**変更**
拡大	営業時間を 24 時間に**拡大**したコンビニエンスストア
縮小	一人暮らし向けにサイズを 1/4 に**縮小**したカット野菜
代用	値上がりしたビールの**代用**品である発泡酒
置換	人件費削減や時間短縮のために券売機に**置換**
逆転	ボールペンなのに消せる**逆転**の発想「フリクション」
結合	電話にさまざまな機能を**結合**したスマートフォン

デメリットとその解消法

**9つの項目
以外には
目を向けづらく
なる**

**必要のない
項目までチェック
してしまうと
非効率的**

**使いやすい・
使いにくい
項目で偏りが
生まれる**

内容に応じて優先的にチェックする項目を
設定するとよい

Point

☑ **チェックリスト**なので明確
☑ **漏れなく思考**することができる
☑ **具体的な解決方法**に結び付けやすい

アイデアを育む思考法⑤
4段階のステップ

● 4段階のステップとは?

「アイデアが突然降ってきた」という話がありますが、実は突然ではありません。アイデアを生み出す脳では、以下の4つのステップを経ているのです。

● アイデアを生み出す際の4つのステップ

▼ステップ1：準備

新しいアイデアを生み出すための準備期間。解決したい問題点や課題に関する**情報を集めている**段階です。情報を収集する際には、いつもと違うアクションを起こすことも脳への刺激になります。

▼ステップ2：あたため

必要な情報を集め終えたら、一度そのことについて**考えるのをストップ**します。しかし、この期間は意識していなくても、脳のなかでは情報の整理が進められていて、発酵食品の熟成のような期間といえます。

▼ステップ3：ひらめき

アイデアが"ひらめく"時期です。準備で集めていた情報があたための期間を経て**脳のなかで整理され**、無意識のうちに寝かせていたアイデアと結び付いて、新しいアイデアとして形になっていきます。

▼ステップ4：検証

ひらめいたアイデアが正しいものなのか、また実行・実施が可能なのかを冷静かつ論理的に見極める期間です。無意識のうちにこの検証が終わると、確信を持ったアイデアとして**表に現れます**。

4段階のステップ

①準備	情報を集めて分析したり、発想のヒントを探す
②あたため	一度問題から離れ、無意識の思考に委ねる
③ひらめき	ひらめきが起こり、新たな発想が生まれる
④検証	生まれた発想を現実的に検証する

あたため期におすすめの行動

あたため期には、「**マインドワンダリング**」という「心ここにあらず」の
状態になることが望ましい。その際、以下のような行動をするとよい

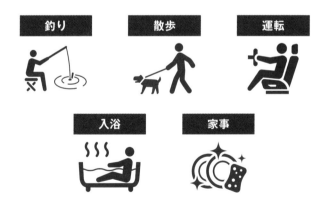

釣り　散歩　運転

入浴　家事

Point

☑ アイデアは**4つの期間**を経て生まれる
☑ 情報収集後は一度思考を**ストップ**する
☑ ひらめき後、脳は実行の可否を考えている

アイデアを育む思考法⑥
希望点・欠点列挙法

● 希望点・欠点列挙法とは?

ある商品やサービスの「こうだったらいいな」と希望する点、「ここがよくない」という欠点を見つけ、そこから**改善点や問題点を探し出し**、そのうえで新しい商品やサービスを模索していくという方法です。

● 希望点列挙法

ある商品やサービスの現状に対しての「現実的な」希望から「もし実現できたらいいな」という**夢や理想**を複数人で出し合い、商品やサービスの開発に結び付けていく、という手法が希望点列挙法です。自由に発言することが重要ですが、現実から離れすぎたアイデアばかりで、夢物語のまま思考が終わらないように気を付けましょう。

● 欠点列挙法

ある商品やサービスの欠点や改善すべき点について「ここがよくない」といった欠点を挙げ、その欠点をどのように改善すべきかについて複数人で話し合う思考法です。この思考法で問題解決のアイデアを話し合うときは、現状では解決できないことでも新しい商品やサービスを開発するための意見として、**自由に発言できることが大切**です。ブレインストーミングの形を取ることが多いので、出された意見を否定せずに受け止めるというルールが守られることが必要です。

希望点・欠点列挙法ともに複数の意見が出たら、実現や改善が必要な優先順位を付け、優先順位が高い意見からブレストしましょう。

列挙法それぞれの特徴

希望点列挙法 「あったらいいな」がスタート地点

・理想から考えるため、**常識を超えたアイデア**が生まれやすい

・利点ではなく願望を挙げることで、分析で終わらずに**解決につながる**

欠点列挙法 欠点がアイデアにつながる

・現実的で、**実現に結び付きやすいアイデア**が生まれる

・欠点を探すために隅々まで検討することで、**新たな気付き**を得られる

効果的に行うためのポイント

希望点列挙法	欠点列挙法
☑ 現状にこだわらず、**まずは理想だけに焦点を当てる**	☑ 性別、年代、国籍が異なる人の**視点で想像してみる**
☑ 希望点がばらけるように**多様な属性の人を含める**	☑ **自分のわがままだと思えるような点**も改めて検討する
☑ 専門知識のある／なし、どちらの視点も必要	☑ **解決策はできるだけたくさん考える**

どちらも「他者の発言を批判しない」「列挙と解決策の考案の間に時間を置く」ことが重要

Point
☑ 改善点や問題点を探し出す方法
☑ 希望点列挙法は夢や理想を開発に結び付ける
☑ 欠点列挙法は**自由に発言できる**ことが大切

参考文献・参考サイト

『トッププレゼンターが教える「企画書とプレゼン」実践講座』須藤亮（著）／日本実業出版社／2021

『改訂新版 企画書つくり方、見せ方の技術』藤村正宏（著）／あさ出版／2020

『企画書・提案書の書き方がかんたんにわかる本』藤村正宏（著）／日本能率協会マネジメントセンター／2009

『企画書・提案書の作り方100の法則』齊藤誠（著）／日本能率協会マネジメントセンター／2022

『まねして書ける企画書・提案書の作り方』齊藤誠（著）／日本能率協会マネジメントセンター／2010

やさしい・かんたん　企画書・提案書

2023年6月10日　初版第1刷発行

編　者————日本能率協会マネジメントセンター

©2023　JMA MANAGEMENT CENTER INC.

発行者————張　士洛

発行所————日本能率協会マネジメントセンター

〒103-6009　東京都中央区日本橋2-7-1 東京日本橋タワー

TEL：03-6362-4339（編集）／03-6362-4558（販売）

FAX：03-3272-8127（販売・編集）

https://www.jmam.co.jp/

装丁————山之口正和＋齋藤友貴（OKIKATA）

編集協力————木村伸司、山﨑翔太、清水七海

　　　　　　　（株式会社 G.B.）

執筆協力————大越よしはる

本文デザイン————深澤祐樹（Q.design）

DTP————G.B.Design House

印刷所————シナノ書籍印刷株式会社

製本所————東京美術紙工協業組合

ISBN 978-4-8005-9113-5　C2034

落丁・乱丁はおとりかえします。

PRINTED IN JAPAN